V 2498.
A.

22020

LES REGLES
DU DESSEIN

Recollects ET *paris* 1770 *ex dno*

ET

DU LAVIS,

Pour les Plans particuliers des Ouvrages & des
Bâtimens, & pour leurs Coupes, Profils,
Elevations & Façades, tant de l'Architecture Militaire que Civile : Comme auſſi pour
le Plan en entier d'une Place ; pour ſa Carte
particuliere, & pour celles des Elections, des
Provinces, & des Royaumes.

Par M. BUCHOTTE, *Ingenieur ordinaire du Roy.*

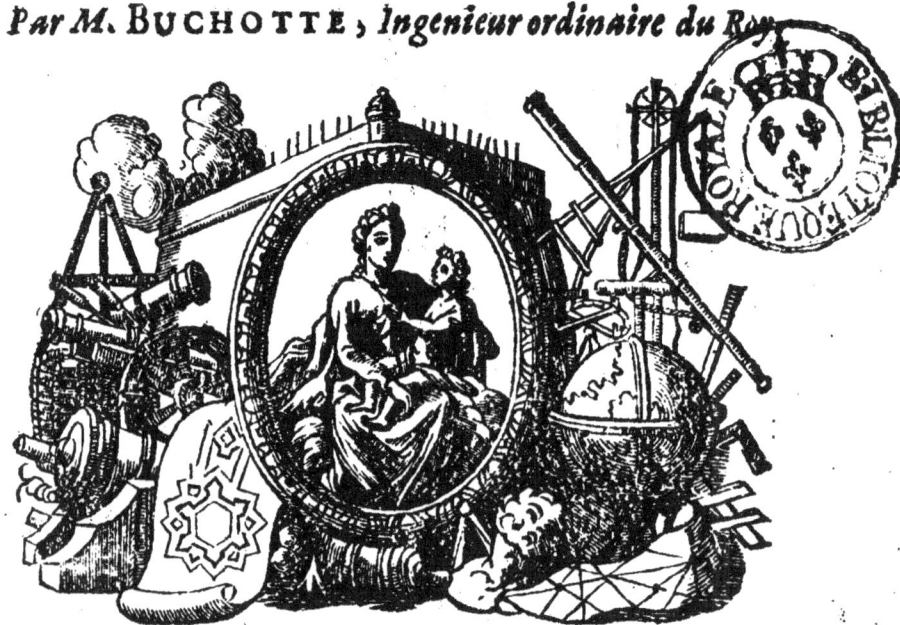

A PARIS,

Chez CLAUDE JOMBERT, rue S. Jacques, près les Mathurins,
à l'Image Nôtre-Dame.

M. DCC. XXII.

Avec Approbation & Privilege du Roy.

A
MONSIEUR
LE MARQUIS
D'ASFELD,

Chevalier de la Toifon d'Or, Commandeur de l'Ordre de Saint Louis, Gouverneur du Château Trompette, Confeiller au Confeil de Marine, Lieutenant General des Armées du Roy, & Directeur General des Fortifications de France.

 ONSIEUR,

Ce petit Traité du Deffein, étant le fruit de mes premieres applications au genie,

á ij

EPITRRE,

il y auroit de la temerité de le donner au Public, sans l'appuyer de quelque protection ; c'est pourquoi j'ose, MONSIEUR, vous le presenter, dans l'esperance que, pour peu que vous consideriez, qu'il contribuera en quelque partie, au zele parfait que vous avez de procurer de bons Ingenieurs au Roy, vous ne lui refuserez pas l'honneur de la vôtre : je me croirai trop heureux, si vous voulez bien, MONSIEUR, recevoir cet Ouvrage, comme une marque de mon attachement pour le service, & comme une assurance du parfait devouement, & du respect profond, avec lequel j'ai l'honneur d'être,

MONSIEUR,

Vôtre très-humble & très-obéïssant serviteur,

BUCHOTTE.

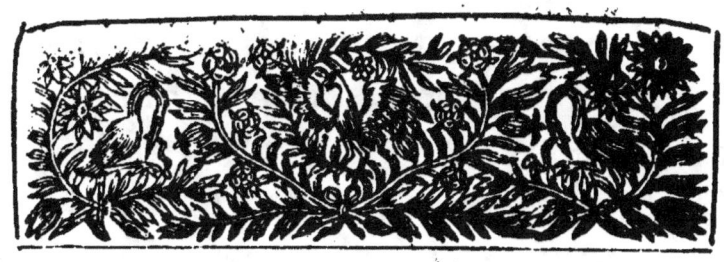

PREFACE.

PERSONNE ne doute que pour bien peindre en écriture, il faut outre l'exercice & l'application, une main legere, avec des doigts très-souples : Il en est à peu-près de même du Dessein de l'Architecture militaire & civile, où il s'agit de tirer des lignes de differentes grosseurs , qui soient bien égales dans toutes leurs parties ; d'en tirer aussi qui soient bien paralleles entr'elles, quelquefois fort longues & fort proches l'une de l'autre : comme aussi de laver entre ces paralleles sans en sortir de la moindre chose ; & de faire proprement les ombres coupées, ce qui n'est pas une petite difficulté pour ceux qui n'ont pas une bonne main.

Il n'en est pas de même de la
théorie de ces sortes de pratiques,
chacun pouvant l'acquerir, puisqu'elle ne dépend que de certaines
regles, dont les unes sont naturelles,
& les autres de convenances ; ainsi
de même qu'on peut apprendre facilement les proportions des lettres,
sans lesquelles l'écriture n'a aucune
grace quelque nette ou quelque
ferme qu'elle soit ; l'on peut aussi
apprendre avec la même facilité les
regles du Dessein de Fortification,
& de l'Architecture civile , sans lesquelles il est impossible de pouvoir
dessiner de bon goût, & de se faire
entendre.

Ce sont donc ces regles que nous
prétendons enseigner dans ce Traité,
avec tout ce qui aura quelque rap-
port à ces sortes de Desseins ; & quoique nous venions de dire qu'outre
l'exercice, il falloit avoir une bonne
main pour leur execution, nous ne
laisserons pas de donner quelque
moyens & quelques maximes pour

y parvenir mieux qu'un autre qui
n'auroit ni cette bonne main , ni
ces maximes.

Nous donnerons auſſi des regles
pour laver uniment un Plan, en diminuant la teinte inſenſiblement à
rien , c'eſt-à-dire, en adouciſſant d'un
côté, comme aux ombres qui pro-
viennent d'un jour échapé, ainſi que
celles qui ſe font ſur les taluts, &
glacis des Ouvrages, ou des deux
côtez comme à celles qui ſe forment
ſur les ſuperficies convexes, ſans leſquelles regles il eſt preſque impoſſible d'y pouvoir parvenir proprement ; ainſi que nous le ferons voir
en ſon lieu ; & comme on le connoîtra dans la pratique.

Ces regles & ces maximes ſont
donc abſolument neceſſaires ; car
j'ai remarqué que feu M. de la Baſ-
ſiere le fils, qui s'attachoit plus à
montrer la pratique du Deſſein , que
la théorie ; ceux de ces Ecoliers qui
ne s'étoient pas ſuffiſament attachez
pour attraper cette routine , ne ſe

trouvoient pas en état après avoir
apris un an entier, de faire l'original
d'un Deffein, ne fçachant pas quand
il falloit une groffe ligne, ou une
déliée ; une teihte forte, ou une foible ; une ombre coupée, ou une
adoucie ; ainfi ils ne fçavoient que
copier des Deffeins ; & fi ces Deffeins
étoient mal entendus, ils les faifoient
de même : à quoi nous prétendons
remedier par des regles & des maximes que nous donnerons dans ce
petit Traité, dont les unes feront
fondées fur les effets naturels, & les
autres fur des principes de convenances : & fi l'on eft pas né avec une ex-
cellente main pour le Deffein, l'on
fçaura du moins deffiner de goût
à pouvoir être entendu des connoif-
feurs, & connoître les Deffeins qui
feront dans les regles.

A l'égard de l'accompagnement du
Plan en entier, je veux dire du païfage qui l'environne, il y a peu de
perfonnes qui en faffent les terres
labourées, les montagnes, & les au-

tres hauteurs de bon goût ; ces choses n'étant pas si aisées qu'elles paroissent ; car il y a bien de la difference d'un païsage en Plan, à celui qui est en perspective ; dans celui-ci pour peu que l'on profile les objets, comme on les voit d'après nature, ils font toujours leur effet ; il n'en est pas de même du païsage en Plan, si les montagnes & les autres hauteurs qui doivent y être representées à vûe d'oiseau, c'est-à-dire, d'une maniere écrasée, à cause que l'on a souvent besoin de connoître l'étendue de leur base, ne font pas traitées de bon goût, elles ne font point leur effet, ou n'en font qu'un desagréable à la vûe ; de même si les terres labourées ne font pas sillonnées & arrangées dans un certain goût qui ne soit pas affecté, ny trop confus, elles ne font aussi qu'un effet fort desagréable.

Pour ce qui est donc du goût du Dessein, nous enseignerons celui de M. Laury Ingenieur, & premier

PREFACE.

Deſſinateur du Bureau du Roy pour les Deſſeins qui concernent la Fortification, de qui nous avons appris ces ſortes de Deſſeins. Nous dirons en paſſant à ſa louange, qu'il excelle dans cet Art, & que perſonne n'entend mieux que lui l'Architecture militaire & civile.

Je n'avois d'abord fait qu'un petit Recueil de quelques obſervations, auſquelles voulant donner quelque ordre pour mon utilité, je me trouvai inſenſiblement engagé de faire ce Traité complet, que j'ai hazardé de mettre au jour, à la ſollicitation de quelques-uns de mes amis auſquels j'ai eu la foibleſſe d'en montrer quelquefois le Manuſcrit, parce qu'ils m'y avoient trouvé la plume à la main.

Je l'ai donc diviſé en trois Chapitres; dans le premier je traite des Couleurs, des Inſtrumens, & des autres choſes neceſſaires pour le Deſſein.

Le ſecond contient quelques déſinitions, avec plufieurs obfervations, ou regles de convenances, & des maximes pour la pratique du Deffein & du Lavis.

Et le troifiéme renferme le détail de toutes les parties du Plan en entier d'une Place, & de la Carte particuliere, de fes environs ; comme auffi de celle d'une Election, d'une Province, & d'un Royaume.

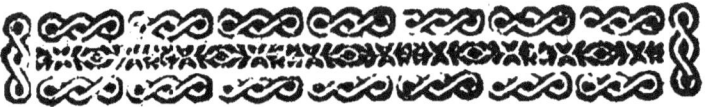

TABLE

Dés Chapitres & Sections contenuës
en ce Volume.

CHAPITRE PREMIER.

CHAPITRE SECOND.

CHAPITRE TROISIÉME.

Fin de la Table des Chapitres & Sections.

AVERTISSEMENT.

très neceßaire au Lecteur.

ON avertit ici, que le Libraire ayant donné à copier le Manuscrit de cet Ouvrage, pour le mettre au net, de crainte que l'Imprimeur ne se trompât, dans quelques additions & renvois, que l'Auteur avoit fait, le Copiste a fait quelques fautes essentielles, & entr'autres il a changé quelques mots pour d'autres, qui ôtent entierement le sens de la phrase, où cela est arrivé, lesquelles fautes sont reparées, par l'*éclaircißement* & l'*Errata* qui suit.

ECLAIRCISSEMENT.

On a retranché les Figures III. & I. dont il est parlé à la fin de l'explication de la Table à dessiner, page 18.

Dans la 27. *ligne de la page* 34. *après le mot* d'éloignées, *il faut ajoûter,* ou plus proches.

Après le mot de couleur, *dans la premiere ligne page* 37. *on ajoûtera,* après avoir rendu l'ouvrage de relief par l'encre de la Chine.

A la 19. *ligne de la page* 35. *il y a,* c'est-à-dire jusques à l'angle formé par la face B, & la face A, dont la teinte, *il faut raïer,* dont la teinte, *& substituer en sa place,* par conséquent cette diminution de jour doit être &c.

A la fin de la page 51. *on trouvera après un point.* Voici un expedient qui me vient en pensée, *il ne faut point de point, ni par consequent de grand* V, *parce que c'est la suite du discours.*

Dans la page 65. *à l'Article des* Cazernes, *le Copiste cite la planche* V. *qui represente le Plan, la Coupe & l'Elévation d'un corps de Cazernes, laquelle citation il faut raïer, & mettre en sa place* Planche IX.

& X. parce que l'on n'entend traiter, dans la Section I. que de la maniere de representer les choses en petit, dans le Plan en entier d'une Place.

Page 65. Pl. IX. Chapelle. voïez au Chapitre 6. ci-après, il faut mettre Voyez Bâtiment particulier même Section, & raïer Chapitre ci-après pour les mêmes raisons que ci-dessus.

Dans la page 72. on trouvera, Pl. V. voïez bâtiment particulier, il faut ajouter, même Section, & raïer, Pl. V. toujours pour les mêmes raisons que ci-dessus.

Page 75. Pl. V. maison particuliere, voïez bâtiment particulier, il faut ajouter ici, même Section, & raïer Pl. V. pour encore les mêmes raisons que ci-dessus.

Dans la page 76. à la fin de l'article du Parterre, on trouvera, marqué Planche VI. qu'il faut raïer, & mettre en sa place, que l'on voit.

Comme l'Imprimeur n'a point mis d'un autre caractere, comme en majuscules, les noms des ouvrages & autres, qui sont au commencement de chaque article de la Section I. Chapitre III. L'article du Puits, page 78. fait équivoque avec le discours de l'article au dessus, d'autant plus qu'on n'a point mis de point entre Puits & on.

La Planche des Echelles, que le Copiste & le Libraire ont jointe à la Planche III. est mal cottée à la fin de l'énoncé de la Section XIII. du Chapitre II. laquelle Section aïant été oubliée par le Copiste, a été mise à la fin du Livre.

Lorsque j'ai dit dans la page 126. que l'échelle de quatre lignes pour toise, étoit encore propre pour les Plans en relief, je me suis trompé, j'ai entendu deux lignes pour toises, M. DE LA DEVEZE, Ingenieur ordinaire du Roi, qui est un de ceux qui excelle dans la construction des Plans en relief, les faits sur un pied pour 100 toises.

FAUTES A CORRIGER.

PAge 3 de la Preface, ligne 3. maximes, lisez exercice.

Page 5. de la même Preface, lig. 4. d'un Payfage, lif. du Payfage.

Page 1. lig. 8. & meilleure, lif & à meilleur.

Page 9. lig. 16 & 17. de n'en faire une certaine quantité, que de, lif. d'en faire une certaine quantité de,

Page 10. lig. 31. en onnoir, lif. entonnoir.

Page 16. lig. 6. d'autant, lif. comme.

Page 18. lig. 10. écrit lif. deffiné.

Page 22. lig. 25. des routes, lif. des voûtes.

Ibid. lig. 27. la naiffance des routes n'eft, lif. cette naiffance n'eft.

Page 23. lig. 16. menus, lif. mêmes.

Page 24. lig. 2. penetrées, lif. ponctuées,

Page 24. lig. 9. fort, lif. fortement.

Page 27. lig. 5. croit, lif. croira.

Ibid. lig. 17. rendre relief, lif. rendre de relief.

Page 28. lig. 4. Planche II. & III. lif. Planche II.

Ibid. lig. 11. l'épointillent, lif. le pointillant.

Page 30. lig. 25. du même Chapitre, lif. de la même Section.

Page 31. lig. 24. du Chapitre, lif. de la Section.

Ibid. lig. 26 & 27. de ces ouvrages, lif. des ouvrages de Fortification.

Page 33. lig. 13. Pl. III. lif. Pl. II.

Page 34. lig. 5. Puifque, lif. Quoique

Il ne faut pas oublier de faire cette correction à l'endroit où eft la faute, parce que le mot de Puifque, ôte entierement le fens du difcours.

Page 40. lig. 4. dès, lif. deux.

Ibid. lig. derniere, G H. lif. g h.

Page 41. lig. 12. I X. lif. i l.

Page 44. lig. 1. II. lif. IV.

Page 48. lig. 16. décifions, lif. divifions.

Page 50. lig. 15. points, lif. ponts.

Page 55. lig. 1. pieux, lif. pieces.

Page 65. lig. 19. 4 & 3. lif. 9 & 5.

Page 66. lig. 20. clayes, lif. hayes,

Page 69. lig. 19. ponctuées, lif. pointuës.

Page 70. lig. 23. regulierement, lif. irregulierement.

Page 75. lig. 9. Pl. V. lif. Pl. IX.

Page 76. lig. 16. on en lavera, lif. on lavera.

Page 77. lig. 3. on y lave, lif. on n'y lave.

Page 77. lig. 7. bas, lif. becs.

Page 79. lig. 7. 10 & 5. lif. 1 & 5.

AVIS AU RELIEUR

pour bien placer les Planches.

LA *Planche I.* doit regarder la page 18.
Les *Planches II. III. & IV.* doivent être cousuës ensemble, & regarder la page 25.

Les *Planches V. VI. & VII.* doivent aussi être
cousuës ensemble, & regarder la page 46,

La *Planche VIII.* doit sortir & regarder la page
47.

Les *Planches IX. X. & XI.* seront encore cousuës
ensemble, & regarderont la page 88.

La *Planche XII.* doit regarder la page 98.

Et enfin les *Planches XIII. & XIV.* seront aussi
cousuës ensemble, & regarderont la page 124.

LES

LES REGLES
DU DESSEIN ET DU LAVIS.

❧❧❧❧❧❧❧❧❧❧❧❧ ❧❧❧❧❧❧❧❧❧❧❧❧

CHAPITRE PREMIER.

SECTION PREMIERE.

*Des couleurs propres au Deſſein & Lavis
des Plans, Coupes, Profils, &c.
des cartes & de leur choix.*

E s Couleurs dont on ſe ſert or-
dinairement pour le Deſſein &
Lavis des plans coupes, &c. ſont
l'encre de la Chine, le carmin,
l'outre-mer, la gomme-gutte, le
verd de gris liquide, appellé communement
couleur d'eau, le biſtre, l'Inde fin, le verd
de veſſie & d'iris, & le vermillon.

L'encre de la Chine eſt une compoſition
en forme de pain, ou batton de pluſieurs figures, orné de tous les côtés d'une impreſ-
ſion de figures d'animaux du pays, & autres

A

figures. La meilleure qui vient de la Chine, est d'un noir velouté, un peu roufsâtre, & affez dure à détremper : on en contrefait en Hollande & à Paris ; mais il s'en faut beaucoup qu'elle foit ni fi belle, ni fi bonne que celle de la Chine ; elle n'eft pas même fi dure, fe détrempant facilement, ce qui la rend plus commune & meilleure marché que la veritable.

Pour donc connoître la veritable encre de la Chine, ou plutôt pour en fçavoir faire la difference à celle de Hollande & de Paris, il ne faut que frotter le bout du pain avec un peu d'eau, & faire de l'encre ; enfuite laiffer fécher le pain, & lorfqu'il fera fec, fi l'endroit que l'on a frotté eft trouble & graveleux, c'eft une marque certaine qu'elle ne vaut rien ; fi au contraire il eft uni, clair & luifant, c'eft une marque infaillible qu'elle eft bonne, & par confequent veritablement de la Chine ; car l'on n'en fait point de bonne ailleurs. A l'égard du prix de la veritable encre de la Chine, je ne peu en parler pofitivement ; il varie felon les tems. Nous parlerons dans la fuite de la proprieté de cette encre, qui eft d'une neceffité abfolue pour les Deffeins dont nous traitons.

Le carmin eft une poudre impalpable. Pour être beau & bon, il doit être de couleur de feu vif, & non tirant fur le fang de bœuf ; ainfi le plus foncé en couleur n'eſt pas le plus beau, ni le meilleur. Pour connoître ſa bonne ou mauvaiſe qualité, ſi après l'avoir délayé avec l'eau gommée dans un vaſe de fayance, il ne ſe raſſis pas bien, c'eſt-à-dire, que le pot en ſoit encore comme marbré, il n'eſt pas bon ; ſi aucontraire le pot en eſt entierement détaché, il eſt beau & bon ; il ne peut l'être trop pour laver ; mais pour tirer des lignes, il n'eſt pas abſolument neceſſaire qu'il ſoit ſi beau. Le prix n'en eſt pas reglé, il eſt au gré des Marchands.

L'outre-mer eſt auſſi en poudre impalpable ; il doit être d'un beau bleu celeſte aſſez tendre, & non tirant ſur le turquin ; ainſi le plus pâle en celeſte, eſt le plus beau étant employé.

La gomme-gutte eſt une eſpece de pierre friable qui eſt jaune ; elle eſt d'un grand uſage dans les Deſſeins de Fortifications, & ſert particulierement pour en laver les projets ; il n'y a aucun choix à faire.

Le verd de gris liquide, appellé communément *couleur d'eau* ; pour être beau, doit être bleu celeſte, & non tirant ſur le verd. Elle eſt très-neceſſaire pour exprimer les eaux, & l'on ne peu s'en paſſer.

Le biſtre eſt une couleur de bois, il n'y a aucun choix à faire, parce qu'on ne peut le faire mauvais. Cette couleur ſert dans les Deſſeins pour laver les ouvrages de charpente, de menuiſerie, & dans les For-

A ij

tifications à laver les foffez fecs. Ceux qui
ne font pas dans l'occafion d'avoir facilement cette couleur préparée, pourront en
faire d'auffi bonne, en délayant un peu de
carmin avec de la gomme-gutte ; enforte
qu'elle foit telle que vous la fouhaitez ;
comme nous l'expliquerons dans la Section 3.

L'Inde fin eft ordinairement en petits
pains de figure conique ; fa couleur eft d'un
turquin brun. Il fert pour laver tout ce qui
doit être de verre, de fer, & d'ardoife ; mais
comme il n'eft pas aifé à employer uniment,
nous donnerons dans la troifiéme Section
la maniere de faire une couleur pour le
même ufage, qui fera plus belle & beaucoup
plus facile à employer que l'Inde fin.

Le verd de veffie eft une efpece de pierre
friable, qui eft d'un verd brun ; & étant
délayé & employé, il eft d'un verd jaunâtre, & moins gay que celui d'iris. Il n'y a
point de choix. Il fert ordinairement pour
le païfage qui eft autour d'une place.

Le verd d'iris eft une efpece de gomme
que l'on vend en coquille, il eft plus beau
& plus fin que le verd de veffie, & fert aux
mêmes ufages. L'on peut auffi faire du verd
d'iris & de veffie, avec de la gomme-gutte
& du verd de gris préparée ; c'eft-à-dire,
de la couleur d'eau, en mêlant l'un & l'autre dans une coquille : & pour connoître fi
cette couleur eft bonne, il faut en effayer
fur du papier avec un pinceau, & il fera

aifé d'y remedier , fi elle eft trop bleuë , il
faut y ajoûter de la gomme-gutte ; fi au contraire trop jaunâtre, de la couleur d'eau.
Ce mêlange eft expliqué, Section 3. de ce
Chapitre.

Le vermillon eft en poudre impalpable ;
le plus foncé en couleur eft le plus beau. Il
eft très-propre pour laver les couvertures de
tuiles des Bâtimens particuliers : il eft encore
utile dans les Cartes, comme l'on verra.

De toutes ces couleurs, il n'y a que la
gomme-gutte, l'outre-mer & l'Inde fin,
dont le lavis ait un corps épais. Mais comme les deux derniers font difficiles à employer uniment, comme nous l'avons déja
dit, nous donnerons dans la troisiéme Section la maniere de faire des couleurs, par le
mêlange de quelques autres qui tiendront
lieu de celle-ci, & pourront fe laver facilement.

SECTION II.

De la maniere de préparer les couleurs
propres au Lavis.

LE *carmin, l'outre-mer* & le *vermillon*, fe
délayent avec de l'eau gommée, en
mêlant bien avec le bout du doigt dans
un petit pot de fayance ou coquille, bien
nets. Il y en a qui fe fervent d'un pinceau

A iij

qui refte toujours dans la coquille, & chaque couleur a le fien ; mais cette maniere
n'eft guéres fuivie, fi ce n'eft pour le carmin
& l'encre de la Chine. A l'égard de l'encre
de la Chine, il y en a qui en font beaucoup
à la fois ; qui en mettent même fondre des
morceaux dans la coquille, & qui l'entre-
tiennent toujours pleine ; mais cette maniere
rend l'encre boüeufe par elle-même, & par
les faletés qui tombent des planchers. La
meilleure maniere-& la plus propre, eft de
faire une petite quantité d'encre toutes les
fois qu'on en a befoin ; & de ferrer le pot
ou la coquille dans une boëtte, fi-tôt que
l'on s'en eft fervi. On en ufera de même
à l'égard des autres couleurs ; fur-tout du
carmin, dont on préparera peu à la fois,
parce que chaque fois qu'on en délaye il
noircit, c'eft-à-dire, qu'il devient de couleur de fang de Bœuf ; & comme l'on ne
peut tenir cette couleur trop proprement,
j'ai cette maxime, que fi-tôt que je ne m'en
fert plus, je couvre le pot avec du papier,
& le met dans la boëtte.

L'Inde fin fe met détremper dans l'eau
gommée ; & quand il eft fondu, on le délaye avec le bout du doigt, comme nous
avons dit.

L'eau gommée fe fait avec la gomme
Arabique, dont on choifit la plus blanche,
afin qu'elle ne gâte point les couleurs : on
la met fondre dans de l'eau claire. La dofe

eſt d'un demi gros dans un bon demi verre d'eau.

L'encre de la Chine, la gomme-gutte, le verd de veſſie & d'iris, & le biſtre ſec en coquille, portent leur gomme ; c'eſt pourquoi on ne les délayent qu'avec de l'eau pure & claire.

A l'égard du verd de gris liquide, appellé *couleur d'eau*, & le biſtre liquide, ils portent auſſi leur gomme ; & comme ils ſont toûjours liquide, ils n'ont pas beſoin d'être délayés ; ainſi on n'y met de l'eau que lorſque la couleur eſt trop forte pour ce que l'on veut faire.

Lorſqu'on a laiſſé ſecher de la couleur d'eau dans quelque vaſe dont on ſe ſert pour les teintes, on l'en détachera avec du vinaigre, n'étant pas aiſé de le faire avec l'eau commune.

SECTION III.

Du mêlange des Couleurs.

1º. JAune & bleu font verd ; c'eſt pourquoi la gomme-gutte avec l'outremer, font un trés-beau verd.

2º. La gomme-gutte avec la couleur d'eau, font auſſi un verd gay, qui ne coute pas tant que ci-deſſus. Il eſt propre pour les prairies, en employant la teinte fort claire.

On rend le verd de veſſie fort gay, en y

mêlant un peu de couleur d'eau.

3°. Jaune & rouge font une couleur de
bois, de terre & de fable. Ainſi avec la
gomme-gutte & un peu de carmin, on fait
une couleur propre à laver les foſſez ſecs ;
en mettant un peu moins de carmin, elle eſt
bonne pour la charpente ; & en en mettant
encore un peu moins, elle convient pour les
fables ; & mettant un peu d'encre de la
Chine avec ces deux couleurs, on fera la
couleur de terre.

On fait encore une aſſez belle couleur de
bois, en frottant dans la coquille de la fanguine, appellée communement *crayon rouge*,
avec de l'eau un peu gommée ; mais l'on ne
doit s'en ſervir qu'au défaut du biſtre, qui
eſt bien plus propre & plus beau.

4°. Noir & bleu font un gris d'ardoiſe ;
ainſi de l'outre-mer avec trés-peu d'encre
de la Chine, font une couleur trés propre à
laver tout ce qui eſt de fer & d'ardoiſe ; &
en mettant la teinte aſſez claire, elle convient parfaitement pour le verre. On doit
préferer ce mêlange à l'Inde, quelque fin
qu'il ſoit, à cauſe qu'il eſt difficile à employer uniment.

5°. L'outre-mer avec trés-peu de verd
de veſſie, ou verd de gris, font auſſi une
couleur qui eſt trés-propre pour exprimer
le verre, en mettant auſſi la teinte fort
claire.

6°. L'on fait une trés-belle couleur de

terre, en mêlant un peu d'encre de la Chine, & un peu de carmin dans le biſtre.

7°. Bleu & rouge font pourpre ; ſi le bleu domine, violet ; ſi c'eſt le rouge, gris de lin : ainſi avec le carmin & l'outre-mer, on fait une couleur de gris de lin trés-belle.

8°. Un peu d'outre mer avec du verd de gris liquide, font enſemble une trés-belle couleur de verre.

Eau gommée.

L'eau gommée ſe fait avec la gomme Arabique que l'on met diſſoudre dans de l'eau ; la doſe eſt d'un gros peſant dans un grand verre d'eau, comme il a été dit Sect. 2.

Notez que comme ces mêlanges de couleurs ne ſe font qu'en tâtant, il ſera bon de n'en faire une certaine quantité, que de celles dont on a le plus beſoin, comme les 2e, 3e & 7e mêlanges, pour garder dans des fioles de verre.

SECTION IV.

De la maniere de faire le verd de gris liquide, appellé communement couleur d'eau, comme auſſi le biſtre, & la colle à bouche.

Premierement pour faire le verd de gris liquide :

Prenez deux onces de verd de gris en

glace que les Droguiſtes appellent *verd de gris calciné*, & à ſon défaut du verd de gris ordinaire, une demie once de tartre blanc de Montpellier, & gros comme une noiſette de gomme Arabique ; mettez le tout en poudre & le faites infuſer ſur la cendre chaude ; en Hyver pendant une heure ou deux, & en Eté au Soleil pendant quinze jours au moins ; enſuite filtrez ladite diſſolution au travers d'un papier broüillart qui ne ſoit pas de couleur, mais gris - blanc, & la couleur que vous recuëillerez, vous la garderez dans quelque vaſe de verre que vous boucherez avec de la cire, & non avec du liege, par deſſus laquelle vous metterez du parchemin ou de la peau pour tenir ferme le bouchon ; on bouchera de même le biſtre. Voici la maniere de faire la filtration.

Il faut faire un entonnoir avec un verre commun, qui ſoit de figure conique, & non en culotte de Suiſſe, en lui ôtant le pied, en ſorte qu'il en ſoit percé, ce qui ſera aiſé à faire en mettant un fil ſouffré autour de l'endroit le plus étroit du verre, auquel fil on mettera le feu ; & lorſqu'il ſera bien allumé tout autour, on trempera le pied du verre dans de l'eau froide juſqu'à l'endroit du fil ſouffré où il ſe caſſera ; enſuite mettrè le papier broüillard dans ledit entonnoir que l'on poſera ſur quelque vaſe de fayance, de verre ou de terre verniſſée, pour recüeillir la liqueur qui filtrera à tra-vers ledit papier.

Pour faire le Bistre.

Prenez de la fuye de cheminée la plus luifante que vous pourrez trouver, & la faites infufer dans de l'eau fur la cendre chaude, tant que la liqueur foit affez haute en couleur; enfuite filtrez l'infufion en la maniere que nous avons dit pour le verd de gris liquide; l'on peut dans l'Efté pendant les grandes chaleur faire cette infufion à l'ardeur du Soleil.

Notez qu'il faut que ces liqueurs foient froides l'orfqu'on les filtre; car fi elles étoient chaudes, la chaleur ouvrant trop les pores du papier, il pafferoit avec la li-queur un fin limon qui ôteroit la beauté de la couleur.

L'orfqu'on voudra avoir le biftre fec, on le fera fecher dans des coquilles au Soleil ou au four en Hiver, après que le pain eft tiré; mais il faut prendre garde de le faire trop fecher, on connoîtra qu'il le fera affez, lorfqu'il fera d'une confiftance de cire molle, & non comme de la pierre; car pour lors il ne fe détrempe pas aifément, fa gomme étant trop deffechée.

Pour faire la Colle à bouche.

A l'égard de la colle à bouche, il faut choifir de la colle de Flandre, la plus clai-

re & la plus blanche, la•mettre tremper
dans l'eau pendant vingt-quatre heures,
enfuite la tirer hors de l'eau, & la fondre
fur la cendre chaude avec du fucre candie
en poudre, ou du fucre blanc ordinaire,
puis la verfer dans le creux d'une affiette;
& lorfqu'elle fera refroidie, on la coupera
par petites bandes que l'on ferrera en lieu
fec : la doffe eft d'un gros de fucre dans
quatre de colle.

SECTION V.

Des plumes & des fortes de grandeurs de
papiers propre au Deffein & Lavis,
& de la pierre de mine de plomb,
fine d'Angleterre communément apellée
crayon noir.

LEs meilleurs plumes pour deffiner
l'Architecture civile & militaire, font
les bouts d'aîles, celles de l'aîle droite font
mieux en main pour deffiner, mais celles
de l'aîle gauche valent mieux ; on doit
toûjours choifir les plus claires & les moins
dures, parce qu'elles fe fendent plus net ;
les plus vieilles font les meilleurs, pourvû
qu'elles ayent été gardées en lieu fec ; il
en eft de même des plumes de Corbeau;
l'on ce fert auffi des plumes de Cygne, pour
les bordures.

Le papier à deffiner pour être bon, doit

être d'un grain fin & bien uni, il doit avoir
auſſi un corps uniforme, & non boureux
par intervale, le moins qu'il ſera poſſible,
ce que l'on connoîtra en regardant le jour
à travers ; mais il doit être ſurtout bien
battu & bien lavé ; on connoît qu'il eſt
bien battu lorſqu'il eſt uni, & que le
grain paroît comme liſſé : pour lavé on
n'en peu donner aucun indice bien certain ;
ainſi il le faut prendre ſur la bonne foi du
Marchand ; les marques du papier ordinaire
ſont :

Le grand Aigle dont la feüille à environ vingt-quatre pouces de hauteur ſur
trente-cinq de largeur.

Celle du grand colombier en a 21 ſur 31.

Celle du nom de Jeſus en a 18 ſur 25.

Celle du grand raiſin en a 17 ſur 22.

Celle du Comte ou à la Pomponne, en
a 14 ſur 18. ½.

Enfin celle à la Telliere en a 12. ſur 16.

Il y a encore un fort bon papier à la
fleur de lys qui à 14 pouces ſur 19.

Voilà les marques les plus communes des
papiers à deſſiner ; notez que la force ou
l'épaiſſeur de ces papiers, eſt ſelon leur
grandeur ; ainſi le grand Aigle eſt plus fort
que le grand colombier, ainſi de ſuite.

Il eſt bon de dire que plus le papier eſt
vieux, mieux on lave deſſus, pourvû qu'il
ait toûjours été en lieu ſec, c'eſt pourquoi
il eſt encore bon d'en faire une proviſion

raifonnable , fur tout quand on en trouve de beau & bon.

Il fe vend auffi un certain papier trés mince , que l'on apelle papier à la Cerpente ; enforte que l'appliquant fur l'écriture , il n'empêche point de la voir , ainfi ce papier eft fort propre pour tirer ou copier les deffeins que l'on ne peut pas piquer.

La pierre de mine de plomb fine d'Angleterre , appellée communément *crayon noir* , eft de couleur de plomb ; pour être bonne , elle doit avoir la coupe unie & luifante , comme celle du plomb ; & non trouble & graveleufe , comme la pierre de mine de plomb commune , qui eft fi tendre que l'ongle prend deffus ; elle caffe auffi trés facilement quand elle eft en petits bâtons ; c'eft à dire en crayons , ce qui fait qu'on ne peut prefque leur faire la pointe qu'elle ne rompe fur le champ , ce qui n'arrive pas à la pierre de mine fine d'Angleterre , qui à un corps affez dure ; notez que la trop dure n'eft pas la meilleure , ni la plus propre pour deffiner , parce qu'elle enfonce le papier , & ne marque pas bien : il ne faut pas non plus qu'elle foit trop tendre , car la pointe ne tient pas long-tems ; cependant il vaudroit mieux qu'elle eût ce défaut que celui d'être trop dure ; il faut avoir la précaution de ferrer en lieu humide la mine de plomb , auffi bien que que la fanguine , que la chaeur fait durcir.

SECTION VI.

Des instrumens & autres choses necessaires pour le dessein de l'Architecture civile & militaire.

LEs intrumens les plus necessaires, sont le compas, la regle, l'équiere, le rapporteur, le porte éguille ou piquoir, & le pinceau; comme ces instrumens sont assez connus, l'on ne s'arrêtera pas à en donner les figures; nous dirons seulement que les compas à l'Allemande, sont mieux en main & plus commodes à manier que ceux dont les jambes se joignent parfaitement.

Nous dirons donc que pour avoir tous les instrumens necessaires au dessein, il faut acheter un étui de Mathématiques, qui contient ordinairement deux compas, dont l'un qui est de la grandeur de l'étui à deux pointes changeantes, sçavoir une pointe à l'encre, & l'autre à crayon, un compas de proportion, un raporteur, ensemble un porte crayon & un tire-ligne, & une petite regle d'ébene; il est bon aussi d'avoir un petit étui de trois pouces de longueur, pour mettre dans la poche : ces sortes d'étuis sont ordinairement composée d'un compas, d'une équiere faisant le demy picol, & d'un porte crayon.

Les regles pour tirer des lignes, doivent

être d'un bois fec, afin qu'il ne foit point fujet à fe tourmenter, dont les fibres ou parties foient bien referrées, telles que font l'ébene, le Bréfil, le bois d'Inde, le pom-mier, le poirier, le cerifier, le cormier, & le fauvageon ; mais d'autant l'encre que la plume donne à la regle, coulé trop fur l'ébene, le Bréfil, & le bois d'Inde, à caufe de leur düreté, qui empêche qu'elle ne s'y attache affez pour tenir, il arrive qu'elle s'en échappe aifément & tombe fur le papier, ce qui fait que nous preferons celles d'autres fois, c'eft à dire de celui dont nous venons de parler, quoique ce bois foit plus fujet à fe déjetter. Si le fapin pouvoit fe rendre uni, il feroit le plus pro-pre pour faire des regles, parce qu'il fe tour-mente moins que les autres ; cependant nous ne nous en fervons que pour les gran-des regles à faire les bordures des deffeins.

Préfentement nous dirons qu'il eft né-ceffaire d'avoir au moins quatre regles ; la premiere qui foit de fix pouces de longueur, d'un & demy de largeur, & de quatre lignes d'épaiffeur ; la feconde d'un pied de longueur ; la troifiéme de 18. pouces de longueur, de même largeur & épaiffeur que la premiere ; & la quatriéme fera de 30. ou 36. pouces de longueur fur deux de largeur, & 4. lignes d'épaiffeur, cette derniere fer-vira à faire les cadres ou bordures des grands deffeins.

Il est encore necessaire d'avoir une équiere de même bois, & même épaisseur que les regles. Les pinceaux doivent être de moyenne grosseur : & pour être bons, & propres à laver, ils ne doivent faire étant un peu humides, qu'une pointe raisonnablement forte.

Les petits vases pour mettre les couleurs, feront de fayance autant que l'on pourra, de terre vernissée, ou coquilles ; mais les plus commodes font les vases de fayance, communement appellez *œils de mer*, dont les bords foient droits, & non renverfez, comme le reprefente la figure *T A* du profil, & Figure I. Planche I. il en faut au moins 6. Il fera aussi nécessaire d'avoir quelques fioles de verre pour mettre les couleurs liquides, de la figure *B*. Prof. & Figure I.

Il faut avoir une coupe de bons ganifs, parce que l'on se trouve souvent dans de petites Places où l'on n'en vend point. L'on pourra aussi avoir six pinces de cuivre à coulans, pour tenir les Desseins en état avec le papier ; mais il faut qu'elles foient tréslegeres.

(*Planche I.*) Pour mettre & ferrer tout ce petit équipage d'inftrumens & de couleurs, excepté les grandes régles, l'on pourra avoir une petite boëtte de bois de hêtre de trois lignes d'épaisseur, qui foit faite fuivant le profil, & les dimentions qui font

B

marquées à la Figure I. A l'égard de la largeur, comme elle ne peut être repreſentée
par le profil, nous nous diſpenſerons d'en
faire le plan, en diſant que cette boëtte doit
être large de 5 pouces 6 lignes.

Et afin qu'il ne manque rien de tout ce
qui peut être utile pour deſſiner, nous allons donner la conſtruction d'une Table,
contre laquelle on pourra s'appuyer l'eſto-
mac, ſans gâter le papier ſur lequel on écrit,
laquelle ſera trés-commode pour les grands
Deſſeins. Figure IV. Planche I.

EXPLICATION.

(*Planche I.*) Les ouvertures *b*, *b*, ſervent
à laiſſer paſſer le papier *x*, *x*, deſſous la
table, lequel on peut tourner preſqu'en
tout ſens, quoiqu'il paroiſſe engagé dans ces
ouvertures. Notez que ces ouvertures *b*, *b*,
doivent être en quart de rond.

Le deſſus de cette table, qui doit être de
chêne ou de hêtre, ſera ſuffiſament grand
de cinq pieds de longueur, ſur deux & demi
de largeur, & ſur un pouce d'épaiſſeur.

Les Ingenieurs & les Deſſinateurs qui ſui-
vent ordinairement l'Armée, ou qui vont
aux expeditions, pourront avoir un étuy
d'yvoire, garni de 10 à 12 coquilles de même matiere, de la forme & grandeur de
la Figure III. & de la profondeur de la
Fig. I.

Profil   *fig. 1ʳᵉ*

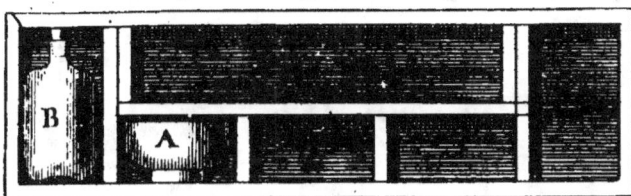

fig. 2ᵉ

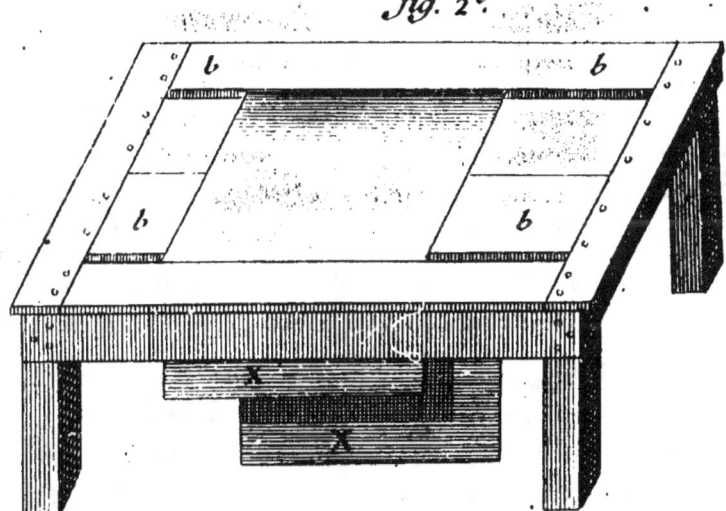

fig. 3ᵉ

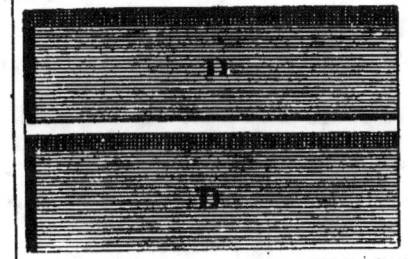

✻✻✻✻✻✻✻✻✻✻✻✻✻✻✻✻✻✻✻✻✻✻✻✻✻

CHAPITRE II.

SECTION PREMIERE.

De quelques définitions.

1. ON dit qu'une ligne est bien *nourrie* ou bien *quarrée*, lorsqu'elle est égale dans toute sa longueur, soit qu'elle soit grosse ou déliée, & qu'elle soit assez rouge, ou assez noire.

2. On appelle teinte, une couleur aussi liquide que de l'eau, dont le corps est transparent, & non opaque ; de maniere qu'étant étendue sur quelques traits, elle n'empêche pas de les voir.

3. La teinte en noir peut laver les parapets dans les plans qui sont pris au cordon, comme sont les plans en entiers sur un pouce pour 100 toises, & sur une ligne pour trois toises, ne doit pas être plus foncée en couleur, que celle de la couleur de la pierre de mine. Celle en rouge pour laver la maçonnerie coupée, rompue ou écorchée, doit imiter la couleur de rose, ou de cerise qui ne fait que d'achever de rougir. En jaune pour laver les mêmes ouvrages en projet, égalera celle de la fleur de navette ou de choux. En couleur de bois pour laver la charpente, elle sera aussi foncée que la

B ij

coupe du chefne nouvellement abbatu : &
ces fortes de teintes auffi foncées qu'on le
vient d'indiquer, feront appellées *teintes en-*
tieres.

4. Et lorfque ces teintes ne feront que
teindre la blancheur du papier ; en forte
pourtant qu'on les puiffe connoître pour telles couleurs, on les appellera *teintes claires*
ou *foibles* ; lefquelles feront propres à laver
ces mêmes natures d'ouvrages, lorfqu'elles
ne feront point coupées ni rompues comme
tout ce qui fera façade.

5. La teinte qui fera plus haute en couleur que l'entiere, s'appellera *teinte forte* ; &
c'eft de celle-là dont on fe fervira pour tirer des lignes.

Notez que lorfque cette teinte eft par trop
forte, les lignes ne fe tirent pas nettement,
parce que la couleur étant trop épaiffe, elle
ne coule pas bien fur le papier, ce qui fait
que la ligne eft baveufe.

6. Enfin nous appellerons demi teinte,
celle qui fera entre l'entiere & la foible.

7. On dit donner une teinte, & non pas
coucher une teinte.

8. C'eft pourquoi on dit laver un plan, &
non peindre ; n'y enluminer encore moins,
parce que les couleurs étant auffi liquides
que de l'eau ; lorfqu'on s'en fert, il femble
effectivement qu'on lave le papier ; & de là
vient le mot de *Lavis*, pour fignifier l'em-
ploi des couleurs.

9. On dit qu'un Deſſein oụ un Lavis eſt dur, lorſque les couleurs ou teintes ſont trop fortes, ou foncées ; & reciproquement l'on dit qu'il eſt tendre, quand il arrive le contraire.

10. Adoucir une teinte, c'eſt en affoiblir ou diminuer la couleur imperceptiblement à rien d'un côté, conſervant la force entiere de l'autre, comme aux ombres ſur les ſuperficies, plannes ; ou des deux côtez en conſervant le milieu fort comme ſur les ſuperficies convexes.

11. On dit que certaines choſes ſont comptées dans l'accompagnement d'un plan en entier, lorſqu'elles ſont trop bien rangées, & plus qu'elles ne le ſont ordinairement ſur le lieu ; comme les terres labourées, les uns les arrangent d'une maniere qui n'eſt point naturelle ; & les autres pour éviter cet arrangement, embarraſſent les pieces de terres les unes dans les autres, ce qui fait un mauvais effet. Nous en donnerons de notre goût, que l'on ſuivra ſi on le trouve bon.

12. On appelle dans un plan, canton, ou plutôt iſle de maiſon, un terrein iſolé de rues, lequel eſt occupé de maiſons : & pluſieurs Iſles enſembles & contigues, compoſent ce qu'on nomme *quartier*, lequel porte ordinairement le nom de ſa plus grande rue, comme la plus connue. On appelle auſſi *quartier* dans un Corps de Cazernes, toutes

les chambres qui font à droite & à gauche
d'un efcalier.

13. On appelle *ombre coupée*, celle qui èft
égale dans toute fon étendue ; & elle eft
appellée *ombre adoucie* ou *fuyante*, lorfqu'elle diminue infenfiblement à rien d'un côté,
comme fur taluds & glacis, ou même des
deux côtez, comme celle qui fe fait fur une
colonne, & qui eft produite par la colonne
même ; car fi elle étoit produite par un
autre corps fur la colonne, elle ne feroit
point adoucie, mais coupée.

14. On dit que les parties d'un Deffein fe
détachent les unes des autres, lorfqu'il paroît qu'elles s'en éloignent chacune fuivant
leur degré, ce qui eft l'effet des ombres,
& des differentes teintes données bien à
propos.

Il n'en eft pas de même des lignes qui
marquent les revêtemens, les taluds, les
banquettes & autres, comme du lavis, ils
fe font toujours d'une teinte forte, à l'exception de celles qui terminent le pied du
glacis dans un plan, & celles qui marquent
la naiffance des routes dans les façades de
leur coupe, qui fe font moins noires lorfque la naiffance des routes n'eft point marquée par une pleinte.

On dit fragment de plan, & non fraction,
pour fignifier une partie d'un plan : l'on dit
auffi un bout de plan.

SECTION II.

Des observations en general sur le Des-
sein & Lavis des plans en entier &
particuliers qui regardent la fortifica-
tion, & sur celui de leurs coupes,
profils, élévations & façades que l'on
envoye en Cour.

1°. TOut ouvrage lavé en rouge, est
de maçonnerie & subsiste.

2. Etant lavé en noir, il est de terre &
subsiste.

3°. Etant lavé en jaune, est un projet
non exécuté.

4°. Si le trait est ponctué en noir, & l'ouvrage lavé en jaune, le projet est irre-
solu.

5°. Les lignes ponctuées en rouge, marquent des ouvrages de maçonnerie qui ont
été détruits.

6°. Les lignes ponctuées en noir, marquent les ouvrages de terre qui ont été
détruits.

7°. Les lignes ponctuées en rouge, marquent aussi les ouvrages sousterrains qui sont
de maçonnerie ; & celles qui sont ponctuées
en noir, marquent les menus sousterrains
qui sont au dessus du rez-de-chaussée :
comme aussi les arrêtes des voutes qui sont

B iiij

élevez au deſſus. L'état du reſte de l'ouvrage, fait que ces lignes penetrées ne ſont
pas équivoques à ceux qui ſont dans le genie.

8°. Un ouvrage de quelque nature qu'il
ſoit dans un Plan, eſt lavé d'une couleur ou
teinte d'autant plus forte qu'il doit être élevé ; auſſi les taluds & glacis ſont lavez plus
fort à leur ſommet qu'à leur pied, mais cette
teinte doit diminuer inſenſiblement à rien en
deſcendant vers leur pied.

9° Quelques Deſſinateurs lavent en verd
brun les ouvrages gazonnez, il eſt toujours
mieux de les laver comme les autres terraſ-
ſes, excepté ſi l'on veut les glacis.

10°. D'autres lavent tout ce qui doit être
d'eau avec l'outre-mer, parce qu'il ne change
pas comme le verd de gris liquide ; cette
maniere n'eſt pas ſuivie, l'outre-mer étant
très-difficile à employer, & ne convient pas
à toute ſorte d'eau.

11°. Les foſſez ſecs ſe lavent d'une couleur de terre rougeâtre.

12°. Enfin les différentes qualitez d'un
terrain dans l'accompagnement d'un Plan,
doivent être traitées le plus naturellement
qu'il eſt impoſſible, ſans pourtant ſortir du
goût du lavis, pour entrer dans celui de la
mignature.

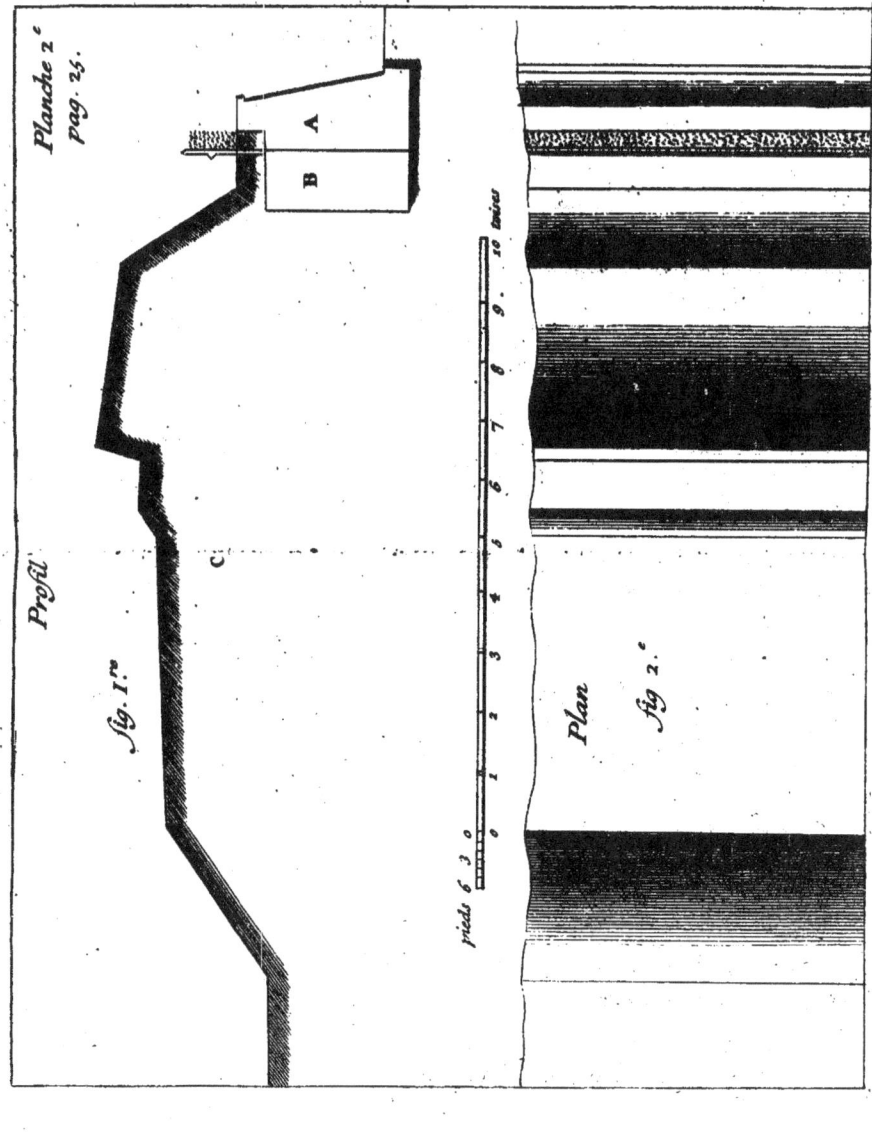

Planche 2.e
pag. 25.

Profil

Fig. 1.re

C.

A

B

pieds 6 3 0   1   2   3   4   5   6   7   8   9.   10 toises

Plan

Fig. 2.e

Elevation et Façade

fig 1.ʳᵉ

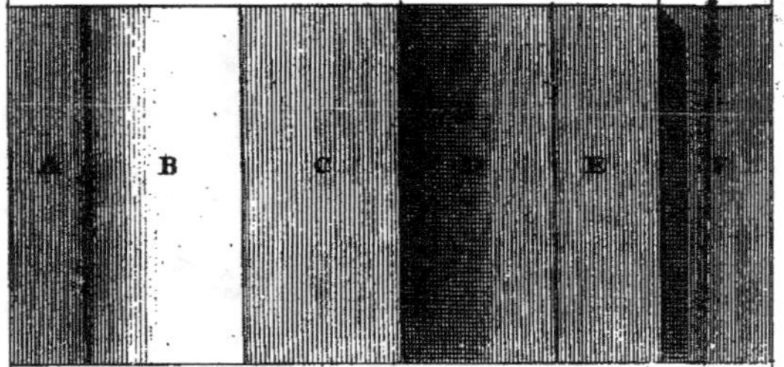

Plan

fig 2.ᵉ

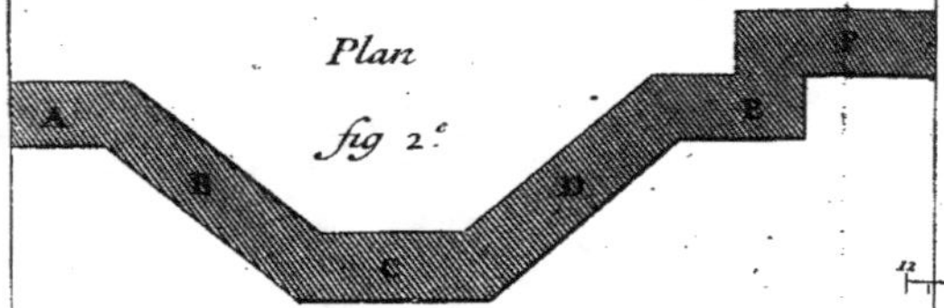

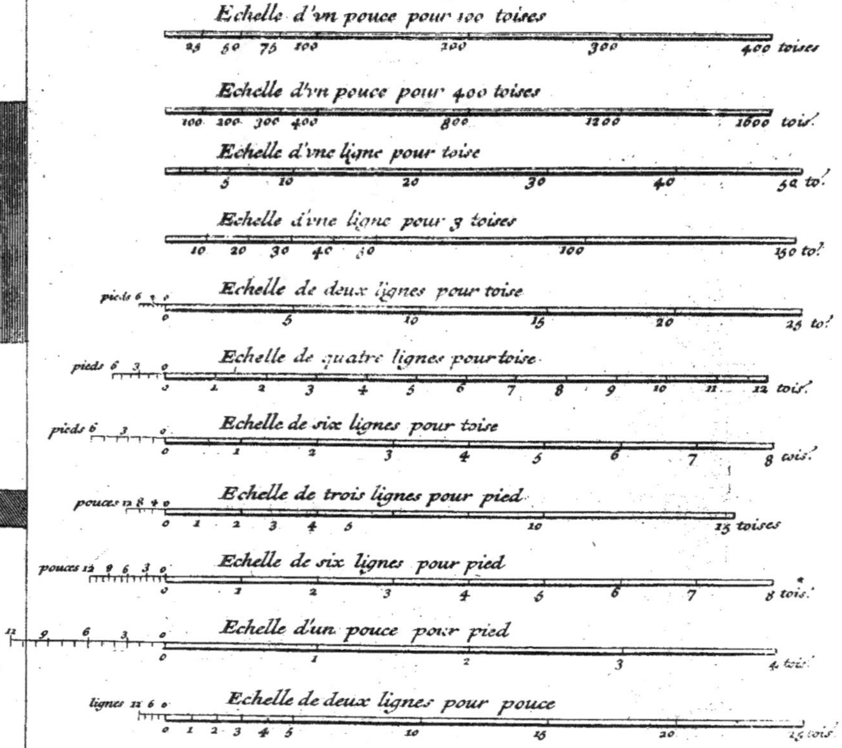

Echelle d'un pouce pour 100 toises
25 50 75 100   200   300   400 toises

Echelle d'un pouce pour 400 toises
100 200 300 400   800   1200   1600 toi.

Echelle d'une ligne pour toise
5 10   20   30   40   50 to.

Echelle d'une ligne pour 3 toises
10 20 30 40   100   150 to.

Echelle de deux lignes pour toise
pieds 6 o   5   10   15   20   25 toi.

Echelle de quatre lignes pourtoise
pieds 3 o   1 2 3 4 5 6 7 8 9 10 11 12 toi.

Echelle de six lignes pour toise
pieds 6 o   1 2 3 4 5 6 7 8 toi.

Echelle de trois lignes pour pied
pouces 8 4 o   1 2 3 4 5   10   15 toises

Echelle de six lignes pour pied
pouces 8 9 6 3 o   1 2 3 4 5 6 7 8 toi.

Echelle d'un pouce pour pied
pouces 12 9 6 3 o   1 2 3   4 toi.

Echelle de deux lignes pour pouce
lignes 12 6 o   1 2 3 4 5   10   15 20 toises

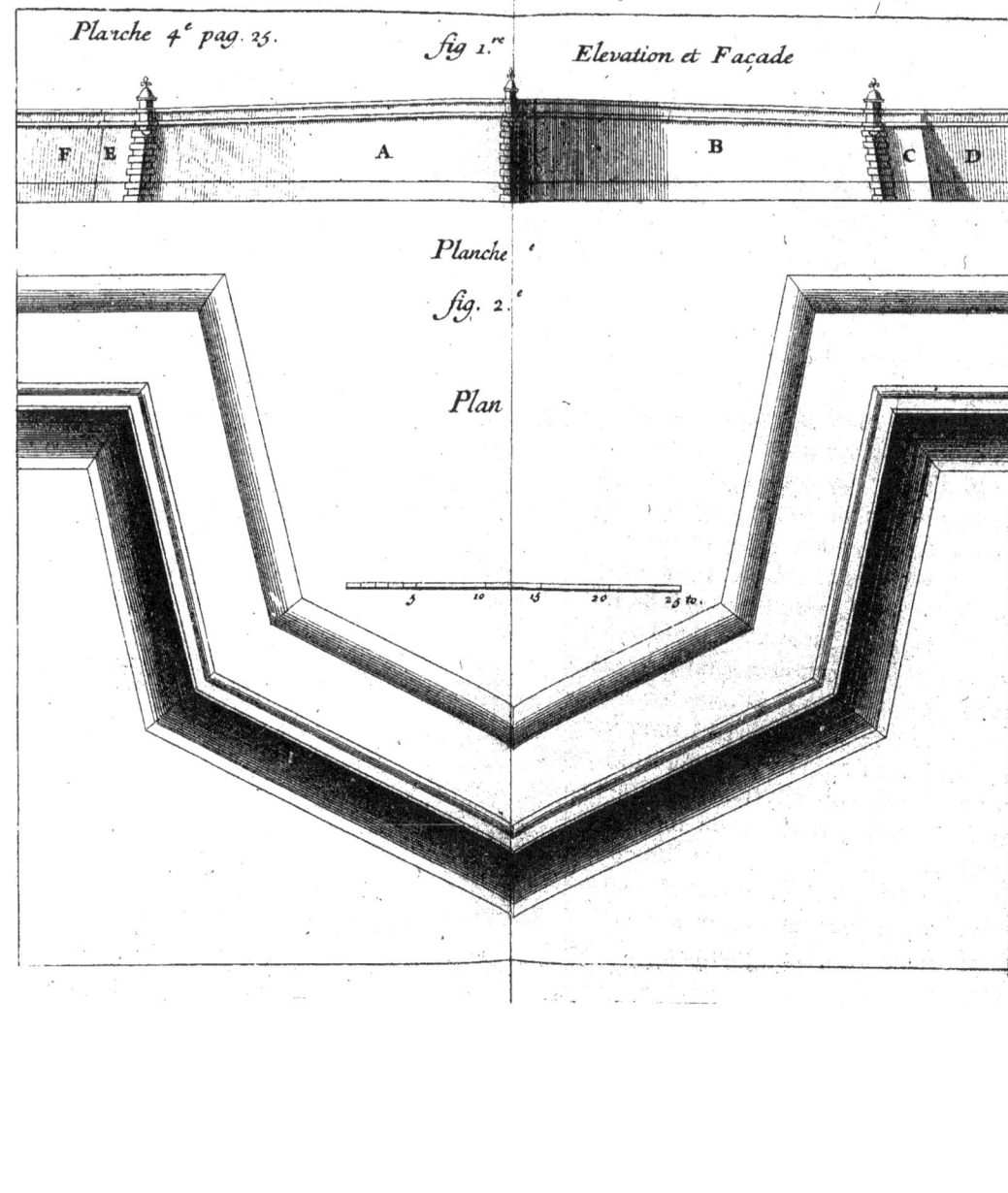

Planche 4.ᵉ pag. 25.   fig 1.ʳᵉ   Elevation et Façade

F E   A   A   B   C D

Planche

fig. 2.ᵉ

Plan

SECTION III.

De quelques observations plus particulieres que celles du Chapitre precedent, sur le Dessein & sur le Lavis des Plans particuliers des Ouvrages & des Bâtimens ; & sur celui de leurs coupes, profils, élevations & façades.

1°. LEs lignes des Plans particuliers des Ouvrages & Bâtimens, tant de ceux qui subsistent, que de ceux qui sont à faire ; c'est-à-dire, en projet ; comme aussi de celles de leurs coupes, profils, &c. soit en maçonnerie, terre ou gazonnage, doivent toujours être noires, aussi-bien que celles de leurs taluds, & non rouges comme j'en ai vû dans quelques Desseins. Il est vrai que ces Desseins étoient faits par des personnes qui ne sçavoient pas bien les regles qui ont été établies à cet effet : il en est de même pour l'Architecture civile.

2°. Mais pour ce qui regarde le Lavis, chaque nature d'ouvrage doit être lavé de la couleur qui lui convient, suivant les regles qui ont été établies, dont les unes sont naturelles, & les autres de convenances : Sçavoir, la maçonnerie en rouge, les terres en noir, le gazonnage en verd brun, la charpente d'une couleur de bois, les couvertu-

res de tuile d'un rouge un peu jaunâtre,
& celle d'ardoife d'un gris tirant fur le bleu;
le fer du même gris, mais un peu plus foncé; le plomb d'un gris moins bleu, & un peu
plus clair; le verre d'un bleu verdâtre &
affez clair; le cuivre & la fonte d'un verd
de gris brun; les eaux d'un bleu verdâtre;
& enfin les fables d'un jaune un peu roux.

A l'égard du verd de gris brun, pour le
cuivre & la fonte, comme je fçal que cette
couleur n'eft pas du goût de quelques perfonnes qui prétendent que l'on doit imiter
celle de ces métaux, il eft bon de faire voir
ici qu'on ne peut pas le faire fans tomber
dans quelque inconvenient.

Je dis donc que fi l'on donne la couleur
jaune de cuivre aux ouvrages qui en font
faits, tout autre que celui qui aura fait le
Deffein, fera en droit de prendre l'ouvrage
pour un projet; car l'on ne peut pas dire
ici que l'état de l'ouvrage en ôte l'équivoque, puifque tous les projets en general fe
lavent en jaune. Pour ce qui regarde la
fonte de Canon, je ne vois pas que dans les
couleurs dont on fe fert pour laver les deffeins de Fortifications & d'Architecture civile, non plus que dans leurs mêlanges, l'on
en puiffe trouver une qui foit propre à imiter leur matiere rougeâtre; car fi on mêle
la gomme-gutte avec un peu de carmin,
l'on fera une couleur de bois; fi l'on prend
du faffran ou de la pierre de fiel, comme

le veulent ceux qui ne font pas pour le verd
de gris liquide rembruni ; je ne vois pas auffi
que ces fortes de jaunes foient propres pour
la fonte, & l'on pourra de même prendre
l'ouvrage pour un projet que l'on croit
avoir été lavé trop dur ; fi enfin l'on fe
fert d'or en coquille, avec trés-peu de carmin, je crois qu'on y pourra venir ; mais
ce feroit entrer dans le goût de la mignature, qui eft ridicule parmi les Ingenieurs
& les Architectes. ; il faut donc s'en tenir
au verd de gris liquide rembruni, pour ne
pas tomber dans les inconveniens dont nous
venons de traiter.

Pour rendre le verd de gris liquide brun,
il ne faut que laver l'ouvrage à l'encre de la
Chine, pour le rendre relief ; enfuite paffer
une teinte claire de verd de gris liquide fur
l'ouvrage.

3°. (*Planche II.*) Dans toute forte de nature
d'ouvrage, tout ce qui eft coupé, rompu,
ou écorché, foit en plan ou en coupe, profil, élevation & façade, fera toujours lavé
d'une teinte entiere & égale dans toute fon
étendue de la couleur qui conviendra à la
nature d'ouvrage ; ainfi le profil du revêtement de maçonnerie marqué *A*, étant
une coupe, doit être lavé d'une teinte entiere de carmin, égale dans toute l'étendue
de ce qui eft coupé. Dans l'Architecture civile, les Architectes lavent en noir les plans
feulement qui fubfiftent, & en rouge lorf-

qu'ils font en projets. A l'égard des autres natures d'ouvrages, ils fe fervent des mêmes couleurs que nous avons dit.

40. (*Planche II & III.*) L'on exceptera toutefois de la regle ci-deffus, les profils des ouvrages de terre aufquels l'on ne fera qu'une bordure de la teinte qui conviendra en maniere d'ombre adoucie, comme il eft aifé de voir par le profil de terre marqué *C*.

Les Architectes n'y lavent rien, mais ils l'épointillent d'une teinte entiere d'encre de la Chine.

5°. A l'égard des endroits qui ne font ni coupez ni rompus, comme tout ce qui eft façade, ils feront lavez d'une teinte claire, de la couleur qui conviendra à la nature d'ouvrage : ainfi le contrefort *B*, Planch. II. étant façade, fera lavé d'une teinte claire de carmin. Les faces *A* & *B* du Baftion, Figure I. Planche IV. étant auffi des façades, feront lavées de même, après que l'on aura mis les ombres & les teintes d'encre de la Chine neceffaires.

Les Architectes fe contentent feulement de mettre les ombres & les teintes d'encre de la Chine neceffaires, fans autre couleur.

6°. Tout vuide dans un Plan ne fe lave point en aucune maniere, comme les caves, les chambres, les cours & autres; quand les voûtes des caves, les planchers des chambres, & le pavé des cours, feroient des projets, on le fait connoître dans les coupes &

profils de ces ouvrages, en lavant en jaune
ce qui eſt projetté. C'eſt pourquoi l'on ne
doit jamais propoſer, n'y encore moins faire
conſtruire aucun Bâtiment, ou autre ouvrage ſur le plan ſeul ; il faut donc y join-
dre des coupes & des profils ſur tous ſens,
pour en faire voir la conſtruction.

Il en eſt de même dans l'Architecture civile.

7°. Mais dans les coupes & profils, ces vuides, excepté les cours, ſeront lavez d'une
teinte d'encre de la Chine, qui ſera plus ou
moins forte que ces vuides ſeront plus ou
moins profonds : comme l'on peut voir par
la Planche V.

Il en ſera auſſi de même dans l'Architecture militaire.

80. (*Planche V.*) Dans la charpente, outre qu'on doit laver la coupe des pieces d'u-
ne teinte un peu plus forte que ce qui n'eſt
pas coupé, l'on hache encore à la plume
cette coupe avec l'encre de la Chine ; ce
qui ne doit ſe faire qu'après que l'ouvrage
eſt lavé pour les raiſons que nous dirons ci-
après, Section 8. art. 3. Il en doit être de
même pour la ferronnerie, c'eſt-à-dire,
qu'on en doit hacher les coupes pour rendre les Deſſeins plus intelligibles. Ceci doit
s'entendre pour les Deſſeins des ferrures dé-
taillées.

L'on doit faire la même choſe dans l'Architecture militaire.

9°. Mais les bouts des pieces de charpente qui sont entieres, seront marquées par deux diagonalles ; je veux dire par deux lignes tirées des angles de leur équarissage, l'on doit observer cette difference, parce qu'il peut se trouver dans la coupe d'un ouvrage de charpente, le bout de quelque piece entiere, qu'il faut distinguer d'une piece coupée. Il en doit être de même pour la ferronnerie, lorsque les Desseins en sont détaillez.

Les Architectes suivent cette regle.

SECTION IV.

Des Plans particuliers des Bàtimens ; & de ceux des autres ouvrages.

Pl. V. S Uivant l'article 3. de la Section precedente, on lavera dans les Plans particuliers des Ouvrages & des Bâtimens qui regardent la Fortification, les épaisseurs des murs d'une teinte entiere au carmin, à l'exception des endroits des portes, des fenètres, & autres ouvertures où l'on ne mettra qu'une teinte très-claire de la même couleur, pour se conformer aussi à l'art. 5. du même Chapitre, ou rien si on le veut, cette teinte n'étant point absolument necessaire ; & ceux des simples cloisons de planches, seront lavées d'une couleur de bois que l'on hachera, comme il est dit dans l'ar-

ticle 8. de la Section précedente. Notez
qu'il faut obferver de laver d'une teinte plus
forte le premier étage du Plan d'un Bâtiment, que le fecond : ce qu'on obfervera en
montant.

(*Planche VI.*) Pour ce qui eft du Plan d'un
Jardin ou Parterre, l'on en tracera, par
deux petites lignes noires paralleles, les
bordures de buis, des plattes-bandes, & autres compartimens, entre lefquels on lavera
d'une teinte de verd ; on lavera auffi dans
les plattes-bandes, & dans les autres compartimens, de la couleur de terre d'un brun
rougeâtre, en adouciffant dans le milieu,
afin que cela ne foit point placard ; enfuite
on les pointillera d'une teinte entiere d'encre de la Chine. 'A l'égard des tapis verds
ou pieces de gazons, on les fera comme les
prairies, dans l'accompagnement d'un Plan
en entier, c'eft-à-dire, qu'on les lavera
d'une teinte claire de verd ; mais les Ifs,
les arbres & les arbriffeaux, avec leurs pots
ou caiffes, feront toujours deffinez à l'encre
de la Chine en élevation ; enfuite on les
emplira de verd, obfervant de mettre la
teinte fort claire du côté du jour ; les caiffes feront lavées d'une couleur de bois, &
les pots avec l'outre-mer du côté de l'ombre
feulement, laiffant le côté du jour tout
blanc. On fera auffi les Jets d'eau & les Sta-
tues avec leurs pieds d'eftal en élevation ;
qu'on lavera à l'encre de la Chine ; & les

jets d'eau avec le verd de gris liquide , de même que leur baſſin.

Le plan de deſſus d'un pont de maçonnerie , ne ſe lave point auſſi en aucune maniere ; pour celui de ſes gardes-foux , s'il y en a , il ſera lavé comme celui des autres murs.

A l'égard du plancher d'un pont de charpente , on le lavera d'une demie teinte de couleur de bois , s'il ſubſiſte , ou de jaune , s'il eſt en projet.

Le plancher d'un radier d'écluſe , & d'autres ouvrages ſemblables , ſera lavé de même ; enſuite de quoi on lavera les eaux par-deſſus , comme à l'ordinaire.

Mais dans les Plans qui repreſentent les fondations des ouvrages des Fortifications , le fond du Plan , c'eſt-à-dire , le terrain qui n'eſt point occupé par les fondations , doit être lavé d'une teinte claire , d'une couleur de terre rougeâtre , comme les foſſez ſecs , en épargnant les ſoûterrains , dans leſquels il ne faut rien laver , comme nous avons dit pour les caves , art. 6. du Chapitre précedent.

Pour ce qui eſt du Plan de deſſus de ces ouvrages , il ne faudra point , comme pluſieurs font , laver leur parapet d'une teinte entiere d'encre de la Chine , comme dans les Plans en entiers , parce que cela ne convient qu'à ceux-ci , qui étant toûjours pris au cordon , lorſqu'ils ne ſont pas ſur une échelle

plus

plus grande que d'une ligne pour trois toifes, leur parapet fe trouve coupé à fa bafé ;
pour lors le noir fort qui dénote les terres
coupées dans un Plan (comme on en eft
convenu) eft propre en cette occafion, au
lieu que les autres qui font pris au Plan de
deffus, leur parapet doit être lavé d'un verd
brun ; obfervant de marquer la pente de
fa plongée, par une teinte d'encre de la
Chine, que l'on diminue infenfiblement à
rien, comme la pente, fuivant l'art. 8. de
la Section 2. Comme il eft aifé de voir par
la Fig. II. Pl. III.

Pour laver  verd brun le deffus de ces
parapets, & tous les taluts & glacis des ou-
vrages gazonnez, il faut d'abord faire leur
pente à l'encre de la Chine, enfuite paffer
deffus une demi teinte de verd dans toute
l'étendue du parapet ou du glacis.

On lavera auffi en verd dans ces Plans
particuliers, le rempart & le terre plein de
l'ouvrage, de même que leur talut ; mais
d'une teinte un peu plus claire que celle de
leur parapet.

SECTION V.

Des Coupes , Profils , Elevations , &
Façades des Ouvrages , & de celle
des Bâtimens civils.

Puisque dans l'Architecture civile &
militaire, la maniere de representer les
Desseins pour l'execution des ouvrages, ne
soit pas en perspectives, qu'au contraire elle
est toute plate & geometrale, parce qu'on
a besoin d'en connoître toutes les dimentions, on ne laisse pas que de les rendre un
peu de relief, par le moyen des ombres, &
de quelques teintes données à propos, pour
détacher les parties les unes des autres, sur-
tout dans les coupes & dans les façades,
afin que quelques-unes de leurs parties paroissent plus ou moins enfoncées que les autres ; & l'on imite en cela la gravûre en
Taille-douce, où il n'y a que le noir & le
blanc d'employé pour rendre les objets d'un
Dessein tout de relief. Mais il faut sçavoir
la difference qu'il y a entre une ombre &
une teinte ; l'ombre est mise aux endroits qui
font privez de lumiere ; & la teinte est employée pour diminuer ou observer le grand
jour, ou la grande clarté sur les parties qui
font plus éloignées de nous que d'autres,
afin de representer les objets tels qu'ils nous
paroissent d'après nature ; ce qui est un ef-

fet de l'optique ; d'où il suit que plus les objets sont éloignez de nous, moins il nous paroissent éclairez & distincts ; par conséquent cette teinte doit être plus ou moins forte que ces objets sont plus ou moins éloignez de nous. Ainsi dans la façade *ABCDEF*, Fig. I. Planche III. dont la Fig. II. en est le Plan, les parties *A* & *E* étant plus éloignées de nous que la partie *C*, doivent nous paroître moins éclairées que celle-ci ; & la partie *F* encore moins éclairée que les parties *A* & *E*. Or, 1°. par le principe que nous venons d'établir, les parties de façades *A*, *F*, *E*, étant paralleles à nous, chacune de leurs teintes doit être égale dans toute son étendue. 2o. Le jour venant du côté de la face *B*, & donnant par conséquent sur cette face, ce jour, dis-je, doit diminuer insensiblement jusqu'à la face *A*, c'est-à-dire, jusqu'à l'angle formé par la face *B*, & la face *A*, dont la teinte doit être égale à celle de l'extremité qui joint cette face *B*. Enfin l'ombre de la face *D*, doit aussi diminuer jusqu'à la face *E*, dont la teinte doit être de même égale à l'extremité de l'ombre qui la joint.

Maintenant s'il falloit laver le front d'un Bastion en élevation, Planche IV. Fig. I. le jour venant du côté de la face *A*, on commencera à laver par l'épaule de cette face avec une teinte claire d'encre de la Chine, en diminuant insensiblement à rien vers l'angle flanqué : on lavera de même le flanc E, avec une teinte d'encre de la Chine un peu plus forte que la claire, ou encore mieux avec la premiere, c'est-à-dire, la teinte claire que l'on passera deux fois, en commençant à l'angle du flanc, & en diminuant à chaque fois cette teinte insensiblement à rien vers l'épaule. On passera aussi deux fois la teinte claire sur les bouts de courtine D & F, mais on la mettra également : ensuite on fera l'ombre de la face B avec une teinte entiere, en commençant à l'angle flanqué, en diminuant aussi insensiblement à rien la teinte vers l'angle de l'épaule. On fera aussi l'ombre du flanc C, en commençant à l'épaule, & en diminuant la teinte de même ; mais il faut que cette diminution qui finit dans l'angle du flanc, soit aussi forte que la teinte du bout de courtine D : Enfin cette façade ayant du talut, on passera depuis un bout jusqu'à l'autre une teinte claire d'encre de la Chine, au dessous du cordon, en diminuant encore cette teinte insensiblement à rien en descendant. On passera encore cette teinte claire sur le revêtement du parapet, c'est-à-dire, entre la tablette & le cordon de l'ouvrage, depuis un bout jusqu'à l'autre ; & cette façade sera lavée dans le goût de l'Architecture civile, qui est aussi celui de la gravûre en Taille-douce ; mais comme les Ingenieurs ont accoutumé de distinguer chaque nature d'ouvrage par une couleur, on passèra sur ce Dessein une teinte claire, de celle qui conviendra à la nature d'ouvrage, comme nous l'avons expliqué dans l'article 2. de la Section 3.

(*Planche V.*) Au reste l'on observera dans les façades de maçonnerie, tant dans l'Architecture civile, que dans la militaire, de marquer les pierres de taille aux angles des ouvrages, comme aussi les soûbassemens, les cordons & les tablettes : & dans celle des Bâtimens civils, les socs, les pleintes qui marquent les étages, les plattes bandes autour des portes & des fenêtres, les corniches & les entablemens, s'il y en a, sans quoi les façades seroient toutes nuës : & comme il y a des païs où la pierre de taille est d'une couleur d'ardoise, comme à Boulogne près Calais, on pourra lui donner cette couleur, observant que la teinte soit toujours plus forte dans les coupes, que dans les façades.

Au surplus si l'on veut finir davantage ces façades, on briquetera celles qui seront de brique ; mais c'est un long travail pour un embellissement, qui n'est point absolument necessaire pour les Desseins que l'on envoye en Cour.

A l'égard des coupes, celles de maçonnerie seront lavées d'une teinte entiere de carmin, suivant l'article 3. de la Section 3.

Mais celle des chapes de ciment, sera lavée d'une teinte un peu plus forte de la mê-

C iij

me couleur, & celle du gravier, ou gros sable que l'on met deſſus les chapes de ciment, pour filtrer les eaux de pluyes plus promptement, afin qu'elles ne ſéjournent pas, ſera lavée d'une couleur de ſable, & enſuite pointillée avec une teinte d'encre de la Chine.

Celle du pavé brut & autre, ſera lavée comme la maçonnerie. Art. 3. Sect. 3.

Celle des terres, comme nous avons dit dans l'article 4. Sect. 3.

Celle du roc, d'une couleur de terre rougeâtre, comme les foſſez ſecs. L'état de l'ouvrage fait que ce lavis n'eſt point équivoque à celui des foſſez ſecs.

Celle de la charpente, comme nous avons dit dans l'art. 8. de la Sect. 3.

Et enfin celle des eaux, comme des rivieres & des canaux, ſera lavée avec le verd de gris liquide, en commençant à laver la ſuperficie de l'eau, & en diminuant la teinte inſenſiblement à rien vers le fond.

Notez que la meilleure maniere de laver les façades, eſt de commencer par la partie la plus reculée avec la teinte claire; enſuite à celle qui eſt moins enfoncée, en paſſant la même teinte claire deſſus les deux, ainſi de ſuite; comme, par exemple, ſuppoſons que la façade d'un ouvrrage ou d'un bâtiment ait pluſieurs parties plus enfoncées les unes que les autres, comme celle qui eſt marquée *A*, *B*, *C*, *D*, *E*, *F*, Pl.

III. Fig. I. on commencera à laver la face
F, enfuite on repaffera cette même teinte
claire fur cette façade F, & en même
temps fur les faces E & D, parce que la
fin de l'ombre fur la face D, doit être aufli
forte que la teinte de la face E, on paf-
fera aufli la même teinte claire fur la face
A, & fur environ le tiers de la face B,
que l'on étendra en adouciffant vers environ le milieu de la face B; enforte que
la moitié qui joint la face C, foit toute
blanche, on achevera l'ombre fur la face
D, en repaffant toûjours la même teinte
claire fur le bout de cette face qui joint
celle qui eft marquée C; & enfin on donnera fur cette face C, une teinte trés claire
qui ne faffe que teindre foiblement la blancheur du papier.

SECTION VI.

*De quel côté l'on doit faire venir le
jour dans les Deffeins.*

(Pl. VII.) IL eft toûjours mieux & de
meilleur goût dans tous les
Deffeins, de faire venir le jour à gauche
plûtôt qu'à droite, comme, par exemple, A,
B, C, D, eft le cadre d'un deffein; je fup-
pofe que le Deffein qui eft dans ce cadre
foit tourné de maniere qu'on foit obligé de
le regarder dans le fens qu'on voit ici, le
C iiij

cadre *A B C D*, quoique dans tous les Plans, il ne doit pas à toute rigueur y avoir un à droit pour les regarder, puisqu'ils doivent être considerez à vûë d'oiseau ; cependant les Ingenieurs pour prendre un goût, ne laissent pas de leur donner un jour, alors ce jour doit venir de l'angle *A*, ceci supposé, je donne des regles generales.

La premiere, que de tout ce qui sera ou doit être entendu élevé au dessus du niveau de la Campagne ou du terrain où l'on est, les parties du Dessein du côté des lignes *A B*, & *A D*, verront le jour, & par consequent celle qui seront du côté des lignes *B C*, & *C D*, seront dans l'ombre ; ainsi je suppose que la Figure *a*, *b*, *c*, *d*, est le plan sur lequel on doit élever quelque ouvrage ; je dis que des lignes qui renferment l'espace de ce plan, celles qui regardent ou qui sont du côté d'*A B*, & *A D*, comme *a b* & *a d*, doivent être deliées selon la regle que nous venons de donner, & au contraire *b c*, & *C D*, doivent être grosses.

Mais si la figure étoit tournée dans le cadre, ensorte que nous la vissions, comme la Fig II. *e*, *f*, *g*, *h*, c'est à dire que ces lignes fissent fasse aux angles du cadre *A B C D*, alors il feroit encore mieux de faire les deux lignes *e f*, & *c h*, deliées ; & *f g*, & *G H*, grosses.

(*Pl. VII.*) La seconde regle, que de tout ce qui sera ou doit être entendu enfoncé ou abaissé au dessous du niveau du terrein où l'on est, les parties du dessein du côté d'*A B*, & *A D*, seront dans l'ombre, & par consequent celles qui seront du côté de *B C*, & de *C D*, verront le jour, je suppose donc que la 3ᵉ. Fig. est une riviere ; selon cette seconde regle, je dis que des lignes qui en marquent les bords, les parties qui sont du côté du jour, c'est-à-dire du côté d'*A B*, & d'*A D*, seront grosses comme *I X*, & *l m* ; & celles qui regardent *B C*, & *C D*, seront au contraire deliées, parceque le jour donne dedans.

Il en est de même des coupes, profils, &c.

Notez que les Architectes ne prennent point de jour dans leurs plans, par conséquent ils n'y mettent point d'ombres, ils suivent en cela le naturel, puisqu'un plan étant consideré à vûë d'oiseau, ne doit pas porter d'ombre.

SECTION VII.

Des ombres coupées & adoucies.

PAr le moyen des ombres, le Dessein le plus plat paroît de relief, tant parce qu'elles en détachent les parties les unes des autres, qu'elles en arrondissent

& relevent en boffe les unes & qu'elles
creufent & en enfoncent les autres ; ainfi
les ombres font abfolument neceffaires dans
les Deffeins, fur-tout dans ceux de l'Architecture civile & militaire, qui font toûjours
reprefentés d'une maniere toute platte , la
perfpective n'y étant point employée , à caufe que l'on a befoin de connoître & de prendre des mefures fur ces Deffeins pour la
conftruction des ouvrages qu'ils reprefen-
tent ; mais pour bien entendre ces différentes ombres, l'on auroit befoin d'un Traité complet que l'on ne peut donner ici ,
parce qu'il depend de la perfpective ; l'on
dira feulement pour celles qui font indifpen-
fables dans ce Traité , qu'il y a deux fortes d'ombres ; fçavoir des ombres coupées
& des ombres adoucies , dont nous avons
donné les définitions dans la premiere Section , l'on va maintenant enfeigner à bien
connoître ces ombres pour les fçavoir placer à propos , afin qu'on ne mette point
une ombre coupée , pour une ombre adoucie , n'y reciproquement , une ombre adoucie pour une coupée.

(*Pl. VII.*) 10. L'on dira donc que l'ombre qui eft produite fur une partie des
corps Sylendriques & Spheriques , par l'autre partie de ces mêmes corps , comme celle qui fe fait fur une Colomne ou une
Tour ronde , & fur une Sphere , eft toûjours adoucie : fçavoir des deux-côtez fur

la Colomne où la Tour , & fur la Sphere tout au tour , l'on entend tout au tour
de l'ombre , tant fur ces extremitez exte-
rieurs qu'interieurs , puifque l'ombre fait
une efpece de croiffant fermé , & non autour de la Sphere feulement , obfervant de
faire la partie de l'ombre à droite moins
claire que celle du côté du jour , comme il
eft aifé de voir par les Figures IV. & V.

(*Pl. VII.*) Notez que l'ombre qui fe fait
fur la fuperficie concave d'un cylindre ,
comme fur celle du dedans d'une Tour
ronde , n'eft adoucie que d'un côté, où
frappe le jour , comme l'on peut voir par
la Figure VI. Il en eft de même pour la
Sphere creufe , comme le dedans d'une
bombe , Fig. VII.

(*Pl. IV.*) 2°. Il y a auffi des ombres adoucies fur des fuperficies plannes , mais elles
ne font adoucies que d'un côté, comme lorfque le jour donne fur la face *A* d'un Baftion , la face *B* fe trouvant dans l'ombre ,
le jour qui s'échappe de la pointe du Baftion , éclaire en paffant une partie de la
face *B* , & cette clarté augmente infenfiblement , à mefure que le jour s'éloigne de
fon échapée ; par confequent l'ombre qui
commence précifement à l'angle flanqué
du Baftion , diminue infenfiblement à rien ,
à mefure que le jour augmente fur la face
B , telles font auffi toutes les ombres qui fe
font fur les faces des glacis.

(*Pl. II.*) 30. Toutes les autres ombres que les corps produifent fur d'autres corps, font toujours coupées, comme l'on peut voir par celle que le flanc *C* produit fur la courtine *D*, qui eft d'une figure triangulaire, à caufe que le jour étant fuppofé venir de l'angle gauche du cadre du Deffein, paffe par deffus le flanc. Or fi l'on tire de cet angle une ligne qui reprefente un rayon du jour paffant par deffus le flanc *C*, l'on trouvera que cette ligne avec celle de la hauteur du flanc *C*, & celle du pied de la courtine *D*, formeront enfemble un triangle dont la bafe fera le pied de la courtine.

Notez que les ombres de quelque corps que ce foit, étant produites fur d'autres corps, dont les fuperficies foient cylindriques & fphériques, font encore coupées; ainfi l'ombre d'une lucarne fur un Dôme, fera coupée.

SECTION VIII.

Par quelle teinte l'on doit commencer à laver les Plans particuliers des Ouvrages & des Bâtimens, & leurs coupes, profils & façades.

AVant de rien dire ici, il eft bon d'avertir qu'à l'égard des Plans, ils font toujours fuppofez pris à une certaine hauteur;

car il eſt certain que ſi le plan d'un Bâtiment
étoit pris au niveau du pavé ou du plancher, ou rez-de-chauſſée, l'on ne pourroit
pas voir le plan de l'appuy des fenêtres, comme on le marque ; ainſi l'on doit donc entendre que ce Plan eſt pris à la hauteur de
l'appuy des fenêtres, d'où il ſuit que toutes les parties d'un Plan pris à cette hauteur,
doivent produire leur ombre ſuivant la li-
cence que les Deſſinateurs ont priſe là-deſ-
ſus, comme nous l'avons dit à la Section 6.
Mais les Architectes n'en mettent pas dans
leurs Plans ſeulement, parce que les lavant
en noir fort, & l'ombre l'étant auſſi, il
ſemble que noir ſur noir feroit une confuſion, ou un effet qui ne ſeroit pas agréable
à la vûe. Pour les Ingenieurs qui lavent
leurs Plans en d'autres couleurs qu'en noir,
ils y mettent des ombres, ſuppoſant que le
jour vient d'un côté dans leurs Deſſeins.

Maintenant nous dirons donc, 1°. que
dans les Deſſeins des Plans particuliers, &
dans ceux de leur coupes, profils, élevations
& façades, il faut toujours commencer par
donner les ombres coupées ; enſuite par les
ombres adoucies, pendant que le papier eſt
droit ; car comme les teintes moüillent beaucoup le papier, & penetrent entierement
l'endroit lavé ; en ſechant il ſe fait pluſieurs
boſſes, ſur leſquelles il n'eſt pas aiſé de faire
des ombres coupées bien droites, quelque
ſoin qu'on y prenne.

2°. Que lorſque toutes les ombres ſeront faites, l'on mettra les autres teintes qui conviendront au Deſſein.

3°. Qu'il ne faut point hacher les endroits des pieces de charpente coupées, qu'après qu'ils ſont lavez, parce qu'en mettant la couleur de bois par deſſus les hachûres, elle les détrempe en partie, & gâte par conſequent la couleur de bois en cet endroit. Il ne faut pas que l'encre de la Chine ſoit trop noire pour faire les hachûres dont les lignes doivent être auſſi déliées que celles qui marquent les taluts des ouvrages. La même encre ſervira encore pour ponctuer les ſoûterrains qui ſont au-deſſus du rez-de-chauſſez, & les arrêtes des voûtes.

Notez qu'il faut toujours mettre dans tous les Deſſeins, les élevations directement au deſſus de leurs plans, & les coupes & profils à côté de leur élevation, autant qu'il eſt poſſible ; & l'on ne doit pas negliger de marquer l'endroit du plan où la coupe & le profil on été pris, par une ligne ponctuée en noir que l'on marquera de deux lettres ou de pluſieurs, s'il eſt neceſſaire, & que l'on citera dans le titre du Profil ou de la Coupe, comme il eſt repreſenté en la Planche V.

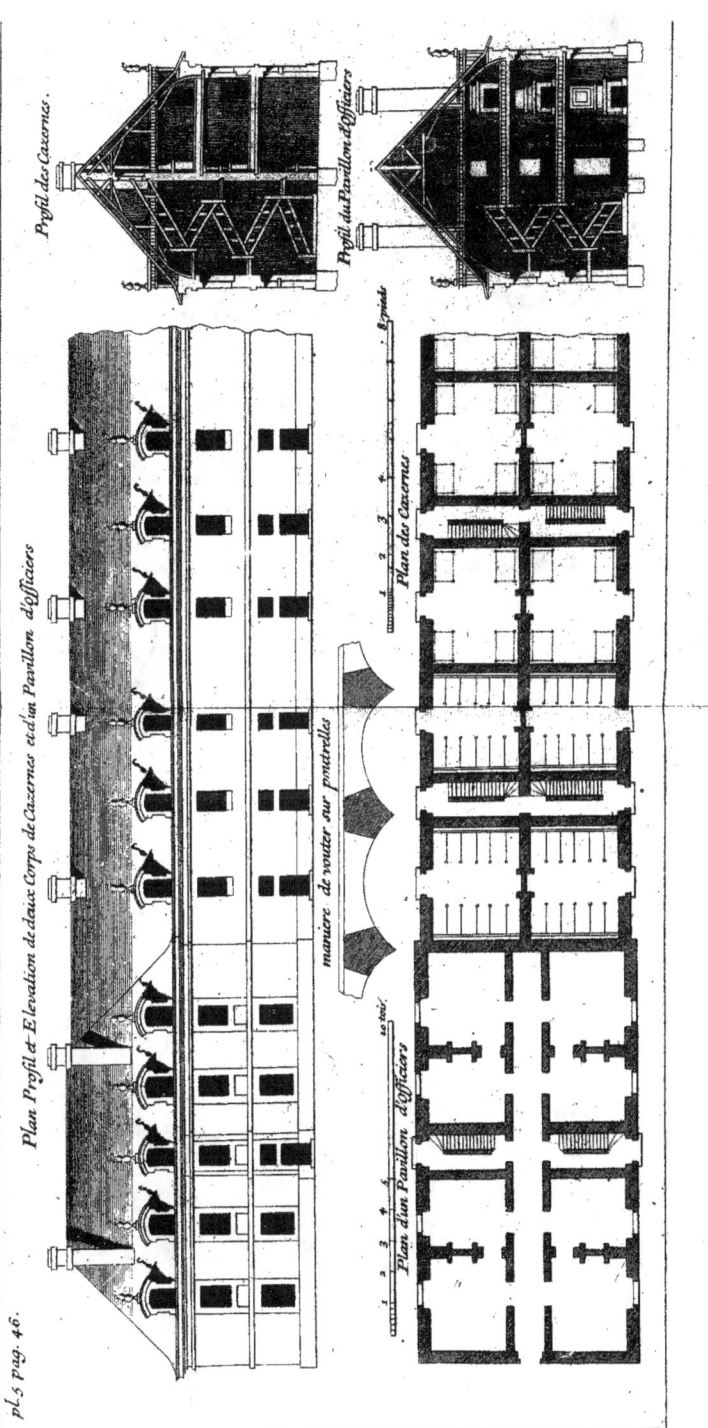

Profil des Cazernes.

Profil du Pavillon d'Officiers.

Plan, Profil et Elevation de deux Corps de Cazernes et d'un Pavillon d'Officiers

manière de vouter sur poutrelles

Plan des Cazernes

Plan d'un Pavillon d'Officiers

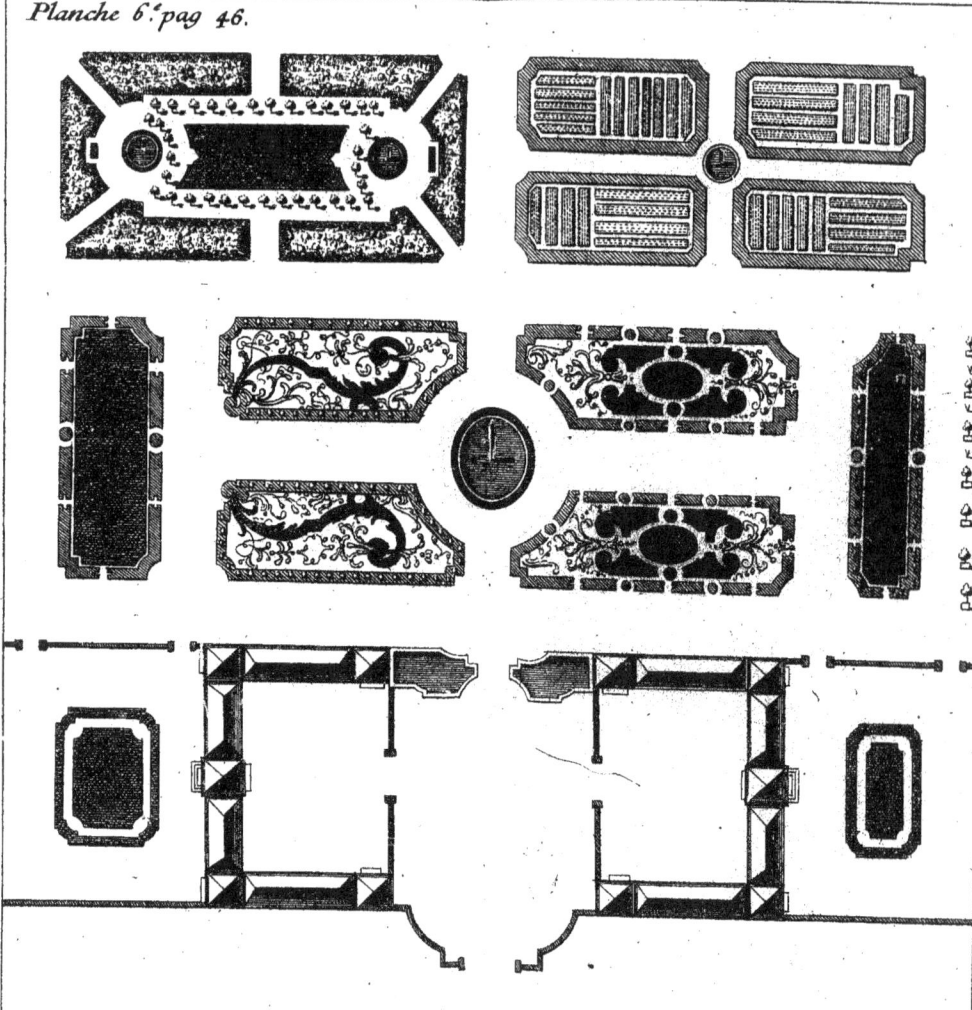

Lucas sculp.

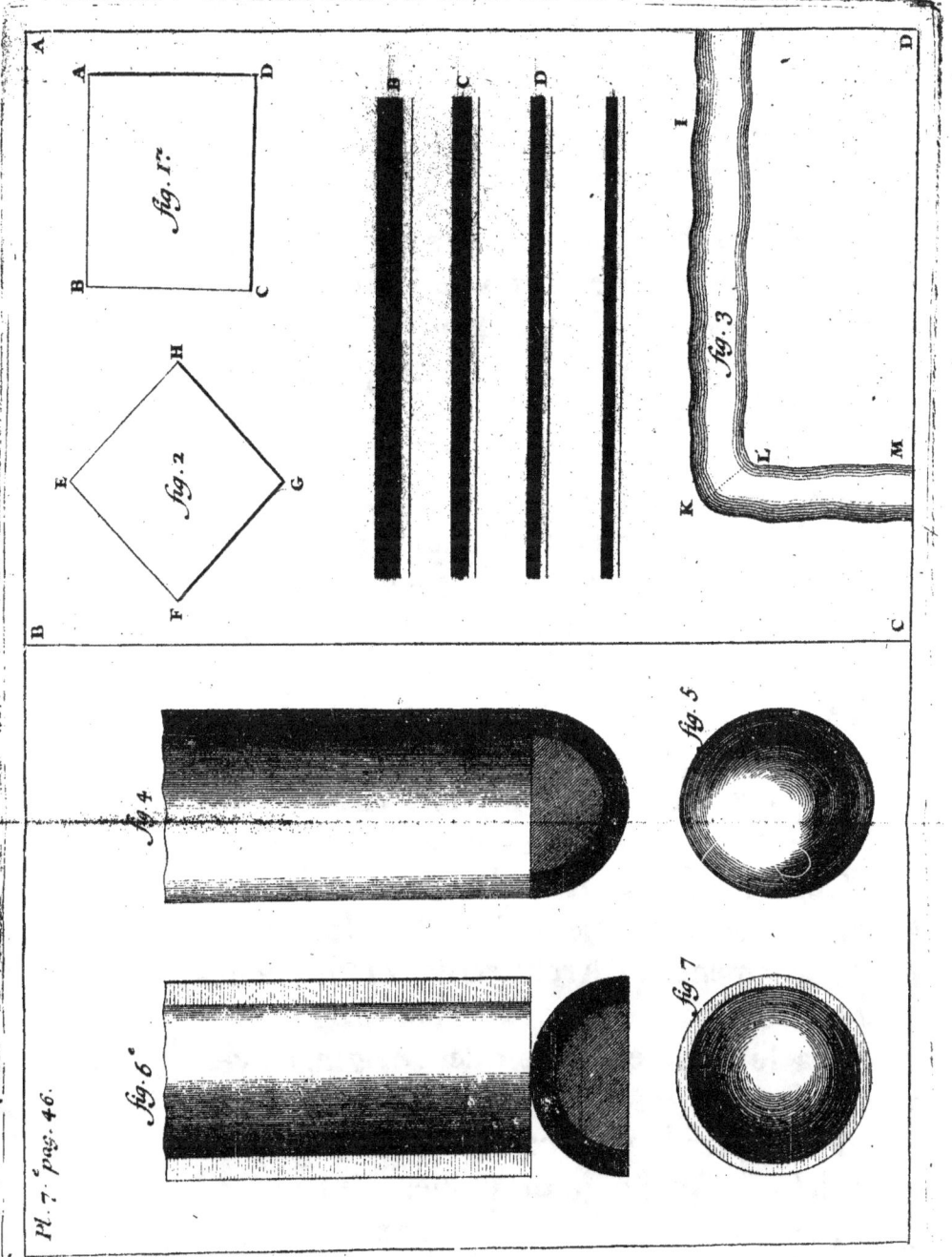

Pl. 7. pag. 46.

fig. 1.

A   D

B   C

fig. 2

H

E   G

F

B   C

D

fig. 3

I

K

L

M

fig. 4

fig. 5

fig. 6.

fig. 7

SECTION IX.

De quelques methodes pour tirer des copies de toutes sortes de Desseins.

QUoiqu'il y ait plusieurs methodes pour copier toutes sortes de Desseins, nous n'en rapporterons cependant que trois dont on se sert ordinairement, parce qu'elles sont les meilleures.

La premiere est d'appliqner à la vitre le Dessein que l'on veut copier ; sur lequel on attache pour cet effet le papier blanc avec des épingles bien fines, ou avec les pinces à coulant ; alors le jour passant à travers la vitre, fait voir tous les traits de l'original, que l'on trace sur le papier blanc avec le crayon en appuyant legerement, afin que la copie étant faite, l'on puisse effacer avec la mie de pain rassis, les traits du crayon.

Cette methode est meilleure pour les Cartes, l'accompagnement d'un Plan, le Païsage & l'ornement de l'Architecture civile, & autres, comme la figure ; que pour le Plan.

La seconde est de piquer l'original avec une éguille très-fine, après l'avoir attaché sur le papier blanc, comme nous avons dit ci-dessus. Quand je dis piquer, j'entend de piquer seulement les extremitez des lignes du Plan ; ensuite l'on mettra la copie au crayon noir, mais legerement, pour la rai-

fon que nous avons dit ci-devant ; & lorfque l'on a un peu de pratique, l'on ne fe
fert plus de crayon ; on tire tout d'un coup
les lignes avec le carmin & l'encre de la
Chine.

Cette feconde methode eft très jufte pour
les plans, profils, coupes, &c. mais elle n'eft
pas propre pour les Cartes, ni pour le Païf-
fage, non plus que pour l'ornement de l'Architecture & autres, comme la figure : au
refte elle eft affez penible tant pour ne point
oublier à piquer des points, que pour les reconnoître ; mais pour faciliter à voir les
points, il faut noircir un des côtez du car-
ton fur lequel on deffine avec de l'encre
commune, la plus noire que l'on pourra
trouver.

(*Pl. VIII. Fig. I. & II.*) Et la troifiéme eft
de prendre toutes les lignes du Plan avec le
compas, en la maniere qui fuit. Suppofons
qu'il faille copier la figure *A B C D*, &c. l'on
divifera tout le Plan 1, 2, 3, 4, 5, 6, 7, 8,
en autant de carrez qu'il fera neceffaire,
que l'on réduira en triangle par des diago-
nales, pour avoir avec plus de facilité de
plus petites décifions ; on réduira de même
en autant de parties femblables & égales, le
papier 1, 2, 3, 4, 5, 6, 7, 8, fur lequel on
veut deffiner la copie de la Fig. *ABCD*, &c.
Or pour avoir cette Fig. l'on prendra avec
le compas la diftance *A*, 9, que l'on portera
de 9 en *a*, en faifant une fection ; on prendra

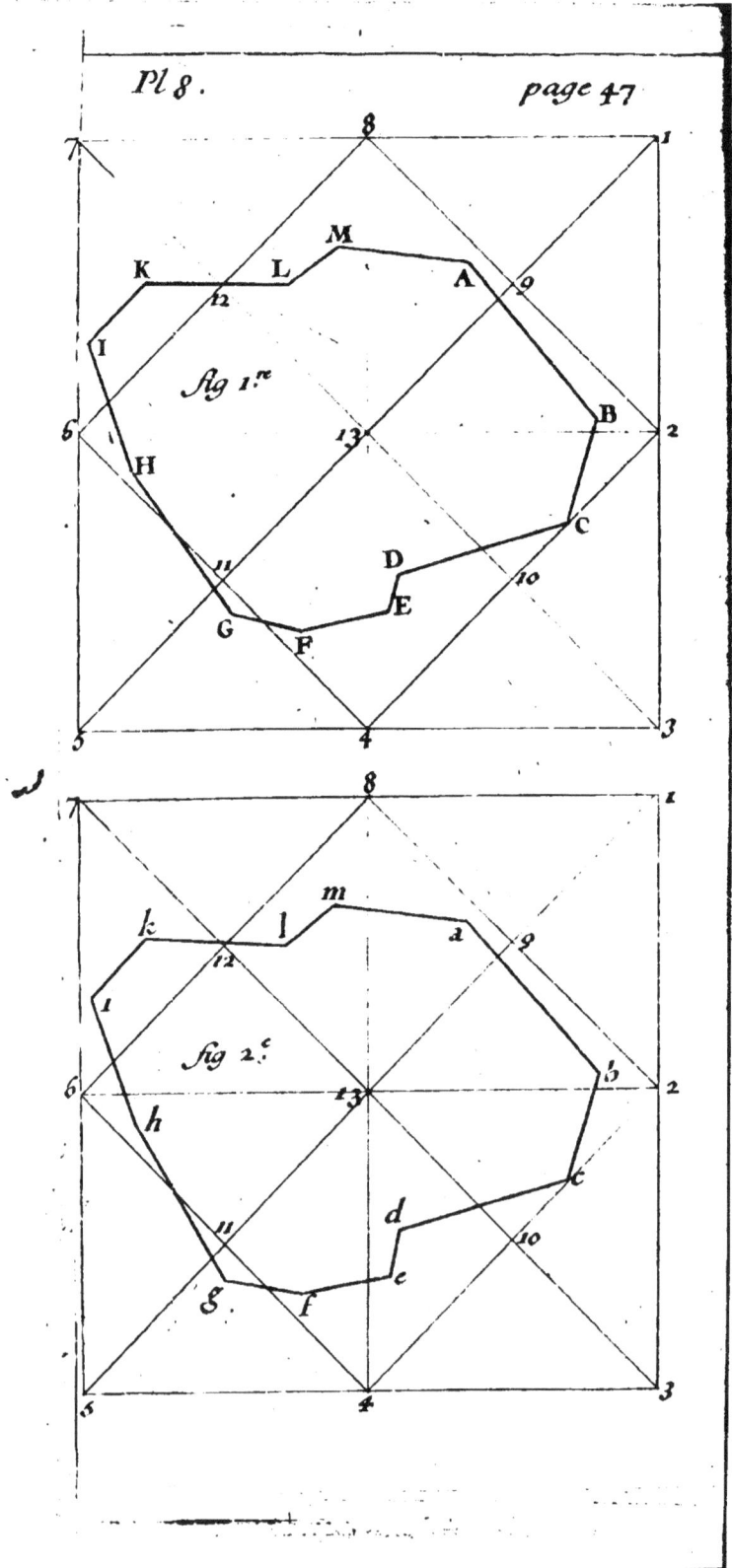

Pl 8 .   page 47

fig 1.re

fig 2.e

dra de même la diſtance *A*, 13 que l'on portera de 13 en *a* en faiſant auſſi une Section
qui coupant la premiere, déterminera le point
a ; on cherchera de même les autres points
b, *c*, *d*, *&c.* alors ayant tous les points de
la Figure II. on tirera les lignes *a b*, *b c*,
&c.

Cette maniere eſt trés-juſte, mais elle eſt
fort longue.

Il y en a qui calquent les Deſſeins avec
une pointe douce de quelque métail, en
mettant entre le Deſſein & le papier blanc,
un papier frotté de mine de plomb ; mais
outre que cette maniere n'eſt pas des meilleures, elle gâte les originaux, & comme
la ſeconde methode eſt fort uſitée parmi les
Deſſinateurs, nous allons donner en particulier dans le Chapitre qui ſuit, la maniere d'y bien réuſſir.

SECTION X.

*De quelle maniere il faut piquer un Plan
en entier, pour éviter la confuſion
des points, & pour n'en point oublier
à piquer de ceux qui ſont neceſſaires.*

APrés que l'on aura attaché le Plan à
piquer ſur le papier blanc, avec des
épingles fines ou 4 pinces à coulant, pour
éviter la confuſion des points, l'on ne piquera pas les taluts & banquettes des ou-

D

vrages, ny les traverſes des chemins couverts, à moins que le plan ne fut au moins
ſur une ligne par toiſe, auquel cas l'on
pourroit les piquer pour les avoir plus juſ-
tes ; il ne faudra point non-plus piquer les
embraſures des batteries de canon, de même que les ſoûterrains, lorſqu'ils ſeront en
partie ſous les parapets, parce que toutes
ces choſes ſont aiſées à raporter au compas,
ou à faire à vuë aſſez juſtement ; mais
pour les ſoûterrains qui ne ſeront que ſous
les remparts, ou ſous le terre-plein des
ouvrages, ſeront piquez, parce que leurs
points ne feront pas grande confuſion, il
ne faudra pas encore piquer les points ; enfin l'on s'exemptera autant que l'on pourra de piquer toutes les petites parties,
pour éviter une trop grande confuſion des
points ; à l'égard du dedans de la place,
il faut tout piquer.

Pour ce qui eſt du dehors des environs
de la place, l'on ne doit piquer que tout
ce qui eſt à la regle, comme les maiſons,
s'il y en a ; les chauſſées, ſi elles ſont droites dans toute leur longueur ou par parties,
& autres ſemblables : pour tout le reſte du
Païſage, il ſera pris à la vitre comme nous
avons dit ci-devant.

Pour donc tâcher de ne point oublier des
points à piquer, il faut garder un ordre,
comme de piquer tout de ſuite la ligne ma-
giſtrale de tous les ouvrages de la Fortifi-

cation , enfuite celle des parapets , puis
celle des remparts & de leur talut, aprés
quoi on viendra aux foffez , aux contrefcarpes , de là au chemin couvert ; & enfin au pied de leur glacis, s'ils font ter-
minez.

A l'égard du dedans de la place, il faudra le prendre par quartier, c'eft-à-dire ;
par partie que l'on marquera legerement
fi l'on veut par un trait de crayon dans les
ruës qui environnent chaque quartier ; je
dis legerement ; afin de pouvoir l'effacer facilement avec la mie de pain , fans être
obligé de frotter trop fort pour ne point
gâter l'original.

Mais comme l'on oublie toûjours à piquer quelque points , quelque foin que l'on
prenne, & que ces points oubliez font quelquefois de confequence pour reconnoître
au crayon, ou mettre tout d'un coup au carmin ou bien à l'encre de la Chine ; que de
plus l'on pique affez fouvent les mêmes
points , ce qui gâte l'original & la copie ; &
qu'enfin l'application & les foins que l'on
prend pour ne point oublier à piquer des
points , fatiguent & ennuient , fur-tout
ceux qui ne font pas dans une grande habitude de deffiner , comme les Deffinateurs
de profeffion. Voici un expédient qui me
vient en penfée , pour éviter ces foins &
ces fatigues , qu'il eft immanquable pour ne
point oublier des points ; s'il plaît on le
fuivra.   D ij

On prendra donc du papier huilé, ou plûtôt du papier à la Serpente, que l'on pourra rendre encore plus tranfparant avec l'huile de terebentine de Venife, on l'attachera fur l'original, & le papier blanc fur lequel on veut faire la copie, fous l'original, c'eft-à-dire, l'original entre le papier huilé & le blanc ; puis on piquera comme à l'ordinaire tous les points qui font neceffaires & qu'on jugera à propos ; or il eft certain qu'il fera facile de voir fur le papier huilé, ceux qui n'auront pas été piquez ; mais ce papier huilé ne pourra fervir qu'une fois, fi ce n'eft à tirer quelque deffeins deffus au crayon.

Nôtez que l'orfqu'on a reconnu un plan au crayon, l'on ne doit point le laver qu'aprés l'avoir décraffé avec la mie de pain raffis, fi-tôt qu'on l'aura mife à l'encre & au carmin.

SECTION XI.

Des maximes pour bien tirer des lignes proprement.

POur bien tirer des lignes proprement, outre l'habitude, il faut obferver ce qui fuit.

1º. Que le bec de la plume foit coupé droit & net, j'entens par droit, qu'il n'y ait pas une des deux parties du bec plus longue que l'autre.

2°. Que ce bec ne foit ni trop long ni trop court ; que fa fente ne foit tout au plus que de deux lignes de longueur ; & que la plume foit moins évidée, que pour écrire.

3°. Que l'encre de la Chine ni le carmin ne foient pas trop épais, ni trop claire, mais raifonnablement, parce que s'ils étoient trop épais l'une & l'autre, ils ne couleroient pas bien, & les lignes ne feroient pas nettes ; & s'ils étoient auffi trop claires, elles n'auroient pas affez de corps ; je veux dire qu'elles ne feroient pas affez noires, ou affez rouges ; cependant il vaudroit encore mieux qu'elles euffent un peu moins de corps, que d'en avoir trop ; parce que les lignes étant beaucoup nouries, elles contiennent une certaine épaiffeur de couleur qui ne fe détrempe que trop aifément lorfqu'on vient à laver auprès, ce qui gâte les lignes mêmes & le lavis ; c'eft pourquoi il eft bon de gommer raifonnablement le carmin fans lui en donner un peu trop, car il ne couleroit pas nonplus comme il faut.

4°. De ne point appuyer l'eftomach contre la table, lorfqu'elle n'eft pas comme celle dont on a donné le Deffein dans la Planche I. mais s'y appuyer fi l'on veut le bras gauche, obfervant que la

D iij

main droite qui tient la plume, foit libre
& legere ; car il ne faut point appuyer le
bras fur la table en tirant une ligne, parce que l'on eft contraint.

5°. Secoüer une fois feulement la plume
chaque fois qu'on l'aura trempée dans la
couleur, afin que s'il y en a trop, l'excès
tombe dans le vafe, & n'emplifle point la
regle, ni ne fafle fur le Deflein ce qu'on
apelle *pâté* ; mais pour le plus fûre, il faut
fe faire une habitude de ne point tremper
dans la couleur, le côté de la plume qui
doit glifler contre la regle.

6°. De ne pas trop appuyer la plume fur
le papier, ni contre la regle, mais legerement fur l'un & contre l'autre, afin que
la ligne foit égale dans toutes fes parties ;
la pratique eft neceflaire dans cet article,
comme aufli de ne point pafler les points
qui marquent les extremitez de chaque
ligne.

7°. Enfin de tenir la plume prefques à
plomb fur le papier lorfqu'on tire des lignes, & non couchée, parce que les lignes font bien plus nettes & plus quarrées.

Notez qu'on doit faire aufli à la regle
les lignes ponctuées, comme celle des arrêtes des voûtes & autres, & non à la
main comme quelques uns font, parce
qu'elles en font toujours plus droites.

Il fera aufli plus propre dans la Charpente, de faire à la regle lés hachures ;

qui marquent la coupe des pieux de bois ;
mais il ne faut les faire qu'après que l'ouvrage est lavé.

On observera la même chose pour les lignes ponctuées, qui marquent des ouvrages soûterrains dans les Plans, ou des ouvrages qui sont derriere d'autres, comme
il peut arriver dans les façades.

REMARQUE.

Comme il y a souvent de la difficulté à
tailler une plume fine, c'est-à-dire pour
les lignes deliées, l'on aura cette maxime
de tailler toujours une plume neuve qui
n'a point encore servi, pour les traits deliées, parce que le bout de la plume étant
plus sec & moins gras que le reste, il fend
toujours plus net : le bout de la plume
est aussi moins épais que le reste, & par
conséquent plus propre à tailler pour les
lignes deliées, & lorsque la plume aura
été taillée deux ou trois fois au plus pour
les traits deliées, on l'achevera d'user pour
les grosses lignes ; les plumes que l'on nomme *bouts d'ailes*, sont plus propres que
les autres pour tirer des lignes, comme nous
l'avons déja dit ailleurs ; l'on se sert de
plumes de Corbeau pour les choses déli-
cates dans le Dessein

SECTION XII.

Des maximes pour laver uniment un Plan en adoucissant.

DE toutes les couleurs propres au Lavis, il n'y a que le carmin & l'encre de la Chine qui seichent promptement,
particulierement celui-ci ; c'est ce qui fait
que ces deux couleurs sont très difficiles à
employer uniment & en adoucissant, prin-
cipalement dans les grands Desseins, c'est-
à-dire qui sont sur de grandes échelles,
sur-tout en Eté quand il fait chaud & sec,
c'est pourquoi pour y réussir il faut :

1°. Que le papier soit ce qu'on apelle bien
lavé, & lorsqu'il ne le sera pas, c'est-à-dire qu'il boira trop vite la teinte, sans donner le tems d'adoucir ou de se reprendre
au bout d'une teinte que l'on étend, ce
qui vient de n'avoir pas été bien préparé
par l'ouvrier, on donnera une premiere
teinte foible, de la couleur qui conviendra
pour étancher la soif du papier, s'il est
permis de parler ainsi ; ensuite dequoi on
lavera avec facilité.

L'on a dit ailleurs que plus le papier é-
toit vieux, plus il étoit propre au Dessein,
pourvû qu'il ait toujours été tenu en lieu
sec ; car il est certain qu'on lavera plus facilement sur le vieux papier, que sur le

nouveau qui eſt encore tout verd , ſi l'on peut parler ainſi.

2°. Que le pinceau ſoit toujours plein de teinte qu'on employe , enſorte qu'elle flotte ſur le papier devant le pinceau.

3°. Que lorſqu'on voudra adoucir & diminuer une ombre ou une teinte , comme ſur les glacis & taluts , le pinceau avec lequel on adoucira , ne ſoit pas plein d'eau , mais ſeulement humecté raiſonnablement ; car lorſqu'il eſt plein d'eau il noye la teinte , l'etend plus loin qu'il ne faut , & l'affoiblit où elle doit reſter forte , obſervant de commencer cet adouciſſement par le bout où on a fini d'étendre la teinte , en allant vers celui où l'on a commencé : cet adouciſſement doit ſe faire promptement lorſque la teinte eſt de carmin ou d'encre de la Chine , parce que ces deux couleurs ſeichent fort vite ; c'eſt pourquoi il n'en faut pas beaucoup entreprendre à la fois.

4°. Laver de tems en tems dans l'eau claire que l'on doit toujours avoir auprès de ſoi dans quelque vaſes , le pinceau avec lequel on adoucit la teinte , afin qu'il ne s'amaſſe point de cette teinte dans ledit pinceau , après quoi on le portera à la bouche , ou on l'eſſuyera ſur du gros papier broüillard plié en trois ou quatre , pour tirer environ la moitié de l'eau qu'il a pris en le lavant dans l'eau claire , afin qu'il ne noye pas la couleur , comme nous venons de dire dans l'Article ci-deſſus.

5°. Enfin de ne jamais ſe ſervir de vieille teinte tant en rouge qu'en noir, mais d'en faire de nouvelle toutes les fois qu'on en a beſoin.

Notez que l'on ne doit jamais ſe ſervir de tous les pinceaux que l'on a, pour laver la couleur d'eau, mais toujours de celui dont on ſe ſera une fois ſervi pour cette couleur, parce qu'elle les brûle.

CHAPITRE III.

SECTION PREMIERE.

Des parties du Plan en entier, & du dedans d'une Place ; & generalement de tous les ouvrages qui regardent la Fortification, comme auſſi du Païſage qui l'environne : Dans quel gouſt & dans quel détail l'on doit exprimer le tout.

On a mis ce Chapitre par ordre alphabetique, pour trouver avec plus de facilité les choſes dont on aura beſoin.

(*Pl. IX.*) ARcenal ; dans le Plan dont l'échelle eſt d'un pouce & demi pour 100 toiſes, on le deſſinera & lavera au carmin, obſervant de laiſſer en blanc tout ce qui fera cour autant qu'il fera poffible, comme il eft aifé de voir au Plan marqué *a*.

(*Pl. X.*) Mais lorfque l'échelle du Plan fera au moins d'une ligne pour 3 toifes, on pourra fort bien diftinguer les Arcenaux des autres Bâtimens, en en marquant les forges par des petits foufflets, & les moulins à bras & à cheval par de petites roües, le tout à l'encre de la Chine, & dans le goût que l'on voit, obfervant de les placer dans la partie de Bâtiment qui leur convient, qui eft toujours la plus éloignée du logement des Officiers d'Artillerie ; on reprefentera fi l'on veut le Plan du comble, en marquant fes arrêtes en rouge, fi la couverture eft de tuile, ou en noir, fi elle eft d'ardoife ; enfuite dequoi on lavera la couverture, fçavoir cèlle de tuile en rouge, & celle d'ardoife d'une couleur d'ardoife ; le tout dans le goût que l'on voit dans la diftribution marquée *A*.

On obfervera de deffiner à l'encre de la Chine, & de laver en jaune ce qui fera projet, fuivant qu'il eft dit dans la troifiéme obfervation Section 2. Chapitre 2.

Bac, *voyez Chap. 6.*

Banquette ; dans les Plans dont l'échelle eft d'un pouce, ou au plus d'un pouce & demi pour 100 toifes, il n'eft pas abfolument neceffaire de marquer les banquettes des ouvrages ; fi l'on ne veut, parce qu'elles n'y font pas fenfibles.

Mais lorfque l'échelle fera au moins d'u-
ne ligne pour 3 toifes, il faudra les exprimer par une ligne feulement très déliée
& affez noire : l'efpace entre cette ligne &
le parapet comprendra tout enfemble & le
terre-plein & le talut de ladite banquette,
parce qu'on ne peut entrer içi dans un plus
grand détail.

Bâtardeaux ; dans les plans dont l'échelle
eft d'un pouce, ou au plus d'un pouce &
demi pour 100 toifes, on l'exprime par
deux lignes déliées & paralleles qui feront
rouges, fi le bâtardeau eft de maçonnerie,
obfervant de mettre dans le milieu de fa longueur un petit cercle, pour marquer la
petite tour que l'on appelle *Dame*, dont
l'ufage eft d'empêcher que l'on ne coule
d'un bout du bâtardeau à l'autre ; enfuite
on lave entre les deux paralleles & dans
le petit cercle, d'une teinte foible de carmin, & fi le bâtardeau n'eft que de terre, les lignes font noires, & on lave entre
les deux d'une teinte d'encre de la Chine un peut moins forte que celle des parapets : l'on ne marque point de talut ni
aux uns, ni aux autres, n'y étant pas fenfibles, felon cette échelle.

(*Pl. X.*) Mais lorfque l'échelle du Plan fera d'une ligne au moins pour trois toifes,
l'on marquera ceux de maçonnerie par trois
lignes deliées, obfervant de ne point paf-

fer celle du milieu par deſſus le petit cercle qui exprime la dame, comme l'on peut voir à celui qui eſt à l'angle flanqué du Baſtion 4. enſuite on lavera entre les trois paralleles & deſſus la dame d'une tein-te claire de carmin : à l'égard de ceux de terre, on marquera leur épaiſſeur au ſom-met, par deux lignes ſeulement à l'encre de la Chine, avec talut de part & d'autre, comme il eſt aiſé de voir par celui qui eſt à l'angle flanqué du Baſtion 2. & on les lavera comme nous avons dit ci-deſſus d'u-ne teinte d'encre de la Chine un peu moins forte que celle des parapets.

Bâtiment particulier ; dans les plans dont l'échelle eſt d'un pouce ou d'un pouce & demi au plus pour 100 toiſes, on en deſſi-nera le contour au carmin, & on l'en la-vera d'une teinte un peu plus forte que la foible, excepté ce qui ſera cour & jardin, autant qu'il ſera poſſible, comme l'on peut voir par le Plan du bâtiment marqué *b*, ſi-non on lavera tout uni, ne diſtinguant ni cours, ni jardins, comme les illes des bâti-mens Bourgeois marquées *d*, Pl. IX.

(*Pl. X.*) Mais lorſque l'échelle ſera d'une ligne au moins pour 3 toiſes, on en pourra repreſenter ſi l'on veut le Plan du comble, en marquant ſes arrêtes en rouge, ſi la cou-verture eſt de tuile, ou en noir ſi elle eſt d'ardoiſe ; enſuite dequoi on lavera la cou-verture, ſçavoir celle de tuile en rouge,

& celle d'ardoife, d'une couleur d'ardoife, dans le goût que l'on voit par le Bâtiment marqué *B*.

(*Pl. IX.*) Batteries à barbette ; dans les Plans dont l'échelle eft d'un pouce ou au plus d'un pouce & demi pour 100 toifes, l'on marquera feulement l'efpace du terrein qu'elle occupe , par des lignes deliées qui feront rouges , lorfque fon petit revêtement fera de maçonnerie , & noires quand il ne fera que de gazon , fans qu'il foit befoin d'exprimer les madriers de leur platte formes ; & comme ces fortes de batteries font plus élevées que celles à embrafures , l'on marquera aufli les petites rampes qu'on y fait pour monter le Canon , obfervant d'en mettre deux lorfque le Baftion eft vuide , comme l'on voit à celle qui eft à l'angle flanqué du Baftion 2 , & une feule quand il eft plein , comme à celle qui eft à l'angle flanqué du Baftion 4.

(*Pl. X.*) Mais lorfque l'échelle fera d'une ligne au moins pour trois toifes, il faudra marquer les taltus de leur revêtement ; lorfqu'il ne fera que de gazon , il fera bon aufli d'exprimer les madriers de leur platte forme , par des lignes noires deliées en la maniere que l'on voit : on lavera fi l'on veut ladite platte forme de madriers , d'une teinte claire de biftre.

(*Pl. IX.*) Batteries avec embrafures ; dans les plans dont l'échelle n'eft que d'un pou-

ce ou d'un pouce & demi pour 100 toises, il n'est pas absolument necessaire de
marquer les embrasures des batteries, parce qu'ils n'y sont pas sensibles.

(*Pl. X.*) Mais lorsque le Plan sera sur une
ligne au moins pour trois toises, on pourra les y marquer si l'on veut, car cela n'est
pas encore absolument necessaire, observant
de les faire plus ouvertes du côté de la
Campagne.

(*Pl. IX.*) Berme ; dans les plans dont l'é-
chelle est d'un pouce, ou d'un pouce &
demi pour cent toises, il n'est pas besoin
de marquer la berme que l'on fait aux ouvrages de terre, mais à ceux qui ont un
demi revêtement de maçonnerie, elle est
absolument necessaire pour le distinguer du
revêtement entier, comme l'on peut voir
aux demies-lunes 4 & 3.

(*Pl. X.*) Mais lorsque l'échelle sera au
moins d'une ligne pour trois toises, il faudra toujours marquer la berme, tant aux
ouvrages de terre, qu'à ceux qui sont à
demi revêtement de maçonnerie.

(*Pl. IX.*) Bois ou Forêt, le goût en doit
être expeditif, car il arrive souvent qu'il
y en a beaucoup à faire dans l'accompagnement d'un Plan & dans les Cartes, il
faut donc suivre celui qui expedie le plus,
pourvû qu'il soit passable & suivi de quelques bons Dessinateurs : celui que nous allons donner est suivi de plusieurs.

Je figure dabord les arbres par 4 ou 5 petits coups de plume chacun, obſervant d'en mettre par intervalle deux & trois enſemble, ſans être trop regulierement égaux & de les ſemer irregulierement, en les mettant plus clairs en des endroits qu'en d'autres ; enſuite je donne une teinte claire de verd, comme pour les prairies, ſur toute l'eſpace du bois, & quand cette teinte eſt bien ſeiche, j'emplis chaque arbre d'une teinte entiere de verd, obſervant auſſi de faire de petites brouſſailles par intervalle ; le tout dans le goût que l'on voit.

Boulengerie, lorſqu'elle eſt ſoûterraine comme deſſous un baſtion plein, ou deſſous le rempart ; on en marque la figure par des lignes ponctuées en rouge, ſuivant l'Article 7. Section 2, Chap. 2, & quand elle eſt ſur terre, on en deſſine le Bâtiment tel qu'il eſt comme les autres.

Canal, s'il eſt revêtu de maçonnerie, les lignes qui en marquent le revêtement doivent être rouges, & noires s'il ne l'eſt pas, & on en lavera les eaux avec le verd de gris liquide, comme aux rivieres.

(*Pl. IX.*) Caponnieres ; dans les Plans dont l'échelle eſt d'un pouce, ou au plus d'un pouce & demi pour cent toiſes, on en marquera le parapet par une ligne ſeulement, comme l'on peut voir à la gorge de la demi lune 1, laquelle traverſe le foſſé ; obſervant de laiſſer un paſſage à chaque bout

pour

pour communiquer dans le foffé & dans les autres ouvrages ; & enfin on lavera le fommet de leur parapets comme celui des glacis du chemin couvert , puifqu'il eft formé de même.

Mais lorfque l'échelle du Plan eft d'une ligne au moins pour trois toifes , il faut y marquer la banquette comme aux autres ouvrages , ce qu'on peut voir au même endroit du petit Plan. Pl. X.

(*Pl. IX & X.*) On fait auffi des Capomnieres fur les faces des demies-lunes , près de l'angle d'épaule , mais elles font fimples comme l'on peut voir à la demie-lune I. dans le grand & petit Plan.

(*Pl. IX.*) Carriere ; on les exprime dans le goût qu'on les voit dans l'accompagnement du petit Plan au bas de la côte de vigne.

Cavalier ; il ne fera pas neceffaire d'y marquer les embrafures , fi ce n'eft lorfque le Plan fera fur l'échelle d'une ligne au moins pour trois toifes , ce qui n'eft pas cependant abfolument neceffaire : au refte fon parapet fera lavé d'une teinte entiere d'encre de la Chine , comme les autres.

Cazernes ; l'on doit les deffiner comme les Bâtimens particuliers , ainfi que nous le faifons voir Pl. V. qui reprefente le Plan , coupe & élevation d'un corps de Cazernes.

(*Pl. IX.*) Chapelle ; *voyez* au Chapitre 6. ci-après.

E

Chauffées ; on les deffinera à l'encre de la Chine , & l'on y marquera leurs taluts, pourvû que l'échelle du Plan ne foit pas moindre que d'un pouce pour cent toifes ; au refte on lavera d'une demie teinte d'encre de la Chine , l'un des deux taluts feulement qui fera du côté de l'ombre, & l'on obfervera de mettre les petits ponts de pierre ou de bois aux endroits où il s'en trouvera ; ceux de pierre feront en rouge ; & ceux de bois en noir , obfervant encore de marquer à ceux-ci les madriers & le plancher , le tout dans le goût que l'on voit.

(*Pl. IX.*) Chemin ; on marquera les chemins par deux petites lignes à l'encre de la Chine , qui ne foit pas plus forte que la demie teinte , lefquelles lignes feront à peu-près paralleles , non fermes & conduites negligemment , obfervant de marquer les bouts des clayes aux endroits où il y en aura , par de petites brouffailles , dans le goût que l'on voit , fans y rien laver.

Il y en a qui ponctuent très regulierement les chemins ; d'autres qui les tracent par des lignes fermes , & qui lavent d'un côté une ombre coupée , ce qui les éleve comme une chauffée pendant qu'ils font fouvent creux ; enfin d'autres encore les lavent dedans d'une couleur de terre rougeâtre ; mais toutes ces manieres ne font point naturelles & font de très mauvais goût , à l'égard de ceux qui font ponctués, tout autre que celui qui a fait le plan ou la carte eſt en droit de les prendre pour des communications ſoûterraines d'un lieu à un autre.

Chemin couvert ; l'on ne lave point les chemins couverts, j'entends leur terre-plein, non-plus que les remparts.

Chemin des rondes ; il en eſt de même que des chemins couverts.

Cimetiere ; on les marques ordinairement par des petites croix, dont une partie ſont rouges, pour ſignifier celles de pierres, & l'autre partie noires pour celles de bois, où toutes noires ſi l'on veut n'étant d'aucune conſequence.

Contreſcarpe, *voyez* Revêtement.

(*Pl. IX.*) Corps de Gardes ; dans les Plans dont l'échelle eſt d'un pouce, où au plus d'un pouce & demi pour cent toiſes, on l'exprimera par un petit quarré long au carmin, qu'on emplira d'une demie teinte de même couleur, tel qu'il eſt dans la piece 3e. Mais lorſque l'échelle ſera d'une ligne au moins pour trois toiſes, on poura exprimer leur petite gallerie qui ſert à mettre les armes à couvert, en marquant le Plan des pilliers, comme il ſe voit à celui de la demie-lune, Pl. X.

(*Pl. IX.*) Communication ; celles qui ſe font pour communiquer à quelques lunettes ou redoutes qui ſont au pied du glacis du chemin couvert, s'exprimeront dans les Plans

dont l'échelle eſt d'un pouce ou d'un pouce
& demi au plus pour cent toiſes, par deux
lignes ſeulement ; ſans entrer dans un plus
grand détail.

(*Pl. X.*) Mais lorſque l'échelle ſera d'une
ligne pour trois toiſes, il ſera bon de marquer les traverſes que l'on y fait pour empêcher l'enfilade ; & les deux lignes qui
marquent la communication, feront en crochets comme les chemins couverts ; ainſi
il y aura autant de crochets qu'il y aura
de traverſes, comme l'on peut voir à celles
des lunettes cottées 6 & 7.

Digues ; celles qui font de maçonnerie
feront deſſinées & lavées au carmin, obſervant de faire le trait du côté de l'eau,
plus gros que l'autre qui doit être delié,
& celles qui ne font que de terre, feront
deſſinées & lavées à l'encre de la Chine
dans le même goût.

(*Pl. II.*) Echelle ; le goût le plus ſimple,
eſt le plus propre pour les échelles des Deſſeins, c'eſt pourquoi on les fera par deux
lignes ſeulement paralleles, & peu éloignées
l'une de l'autre, dont celle de deſſous fera un peu plus groſſe que celle de deſſus
qui doit être deliée, pour repreſenter une
eſpece de regle, ſur laquelle feront marquées les diviſions qui conviendront du pied
de roy, le tout dans le goût qu'on les voit,
& non pas trois & quatre lignes de différentes groſſeurs comme pluſieurs font, ce

qui eft ridicule & de fort mauvais goût.

Eglife, *voyez* Bâtiment particulier ; au fur-plus mettez une petite croix à l'endroit du maître Autel.

Embrafures ; il n'eft point abfolument né-ceffaire de les marquer dans les Plans, dont l'échelle n'eft que d'un pouce ou d'un pouce & demi, & même d'une ligne pour trois toifes.

Efcalier ; il n'eft point neceffaire de mar-quer les efcaliers que l'on fait pour mon-ter fur les remparts dans les ouvrages & fur les chemins couverts, lorfque l'échelle du Plan n'eft que d'un pouce ou au plus d'un pouce & demi pour cent toifes.

(*Pl. X.*) Mais quand elle eft d'une ligne au moins pour trois toifes, il eft bon de les marquer, comme l'on peut voir à tou-tes les pieces détachées & aux angles ren-trans de la contrefcarpe ; au refte on n'y lave rien.

Efcarpe, *voyez* Revêtement.

(*Pl. IX.*) Efclufe, lorfque l'échelle du Plan n'eft que d'un pouce ou d'un pouce & demi au plus pour cent toifes, l'on mar-quera feulement les bajoyers & les pilles, chacune par une ligne au carmin, de la groffeur de celles des revêtemens, obfer-vant de les faire ponctuées aux deux bouts, pour marquer les avants & arrieres becs de chaque pilles.

(*Pl. X.*) Mais quand l'échelle fera d'une

E iij

ligne au moins pour trois toifes , l'on marquera l'épaiffeur des bajoyers & des pilles par deux lignes deliées au carmin , entre lefquelles on lavera d'une teinte entiere de la même couleur , comme l'on peut voir à celle qui eft à l'angle faillant de la contrefcarpe , vis-à-vis l'angle flanqué du Baftion 4 ; celle du petit Plan , eft au même endroit.

(*Pl. IX.*) Etang ; on en marquera les bords & la chauffée qui en foûtient les eaux , à l'encre de la Chine , obfervant de marquer le talut de ladite chauffée , & fi elle eft revêtuë de maçonnerie du côté des eaux , comme il arrive quelque fois , foit que cette maçonnerie foit feiche ou à mortier , on exprimera ce revêtement comme les autres par une ligne rouge , contre laquelle on fera l'épaiffeur de ladite chauffée.

On obfervera auffi de faire par intervalle dans l'étang & fur les bords , quelques herbages & joncs ou rofeaux , le tout regulierement ; enfuite on lavera les eaux avec le verd de gris liquide comme aux rivieres.

(*Pl. IX. & X.*) Fleche ; pour connoître le courant de l'eau des rivieres & des ruiffeaux , on met une fleche dedans ou à côté , lorfqu'il n'y a pas affez d'efpace , que l'on deffine à l'encre de la Chine , de la grandeur & dans le goût qu'on la voit : le petit dart eft le bout de la fleche , que l'on

doit entendre marcher le premier avec l'eau;
il en eft des fleches comme des échelles que
l'on met au bas des Deffeins, il ne faut
pas les faire d'une grandeur extraordinaire
comme j'en ai vû, ainfi les plus petites
font de meilleur goût.

Fontaine ; fi le baffin de fa fource eft de
maçonnerie, on en deffinera le Plan au
carmin tel qu'il fera, & on l'emplira de
couleur d'eau ; l'on en fera de même pour
celles qui donnent de l'eau dans les Places
publiques des Villes, comme celle qui eft
au milieu de la Place de Sarreloüis & autres Places.

Foffez ; s'ils font pleins d'eau, on les lavera avec le verd de gris liquide, comme
les rivieres, en adouciffant la teinte vers
le milieu, & en confervant la force fur les
bords, autant que cela fe pourra ; car fi
le foffé étoit fi étroit qu'on ne pût mena-
ger cette diminution de teinte dans le milieu, on laveroit tout plein d'une teinte qui
ne feroit point trop forte.

Fraifes ; l'on ne les marque point dans
un Plan en entier, & l'on peut dire qu'elles font fort inutiles, lorfque l'ouvrage eft
bien paliffadé au pied & fur la berme.

(*Pl. IX. & X.*) Glacis ; on les lave avec
une demi teinte d'encre de la Chine, en
confervant la force de la teinte au fommet,
& l'affoibliffant en adouciffant vers le pied;
on obfervera de ne pas laver toutes les fa-

E iiij

ces du glacis d'une égale force, mais une
alternativement, où l'on éteindra plus la
teinte qu'à l'autre, qu'on ne lavera que
très peu au sommet seulement, ou point
du tout si l'on veut.

Guerites ; on ne les marque point dans
les Plans en entiers, si ce n'est leur paffage dans le parapet, lorsque le Plan est fur
une ligne pour toise pour connoître qu'il y
en a ; encore cela n'est guére neceffaire.

(*Pl. IX.*) Halle ; dans les Plans dont l'é-
chelle n'est que d'un pouce, ou d'un pouce
& demi au plus pour cent toises, il suffi-
ra de laver d'une demie teinte de carmin
l'espace qu'elle occuppe, comme les autres
bâtimens bourgeois.

(*Pl. X.*) Mais lorsque l'échelle fera d'une
ligne au moins pour trois toises, on en marquera le Plan des pilliers au carmin, qu'on
lavera de la même couleur ; on observera
de mettre le nombre des pilliers effectifs,
comme l'on peut voir par celle qui est marquée *C.*

(*Pl. V.*) Hopital ; *voyez* Bâtiment particulier.

(*Pl. IX.*) Hauteur ; on les deffinera à la
plume ou fimplement au pinceau avec l'encre de la Chine, ou avec une couleur de
terre d'un brun rougeâtre, felon qu'il conviendra dans le goût de celle fur laquelle
il y a de la vigne ; il n'est pas aifé d'y réuf-
fir de bon goût, parce qu'il est plus diffi-

elle de les reprefenter en Plan (comme l'on doit toujours faire qu'en perfpective.) *Voyez* Montagne.

(*Pl. IX.*) Hayes ; on les exprimera par de petites vetilles à l'encre de la Chine, dans le goût qu'on les voit au tour de la côte de vigne, fur lefquelles vetilles l'on donnera une teinte de verd.

(*Pl. IX.*) Jardins ; on les deffinera dans le goût qu'on les voit, d'une maniere tendre & legere, enfuite on donnera une demie teinte de verd fur deux côtés de chaque quarré ou petite piece de terre, que l'on adoucira vers le milieu de ladite piece.

(*Pl. IX. & X.*) Ifles des Maifons bourgeoifes ; on en deffinera le contour au carmin, obfervant de faire les lignes du côté du jour affez deliées, & celles du côté de l'ombre plus groffes, comme nous l'avons expliqué Section 6. Chapitre 2. fur-tout dans les Plans où les ruës font un peu régulieres ; car lorfquelles font trop irrégulieres, il eft plus à propos de faire toutes les lignes deliées ; enfuite on lavera dedans d'une demie teinte de carmin, en l'affoibliffant dans le milieu, comme celle qui eft marquée *D* ; ou bien fi l'on aime mieux, on les lavera pleines uniment avec une teinte claire, comme celle-ci marquée *E*: voila les deux goûts les plus fuivis, on choifira celui qui plaira le mieux.

Ifles de rivieres ; on les lavera d'une de-

mie teinte de verd, que l'on affoiblira dans
le milieu en adouciffant, obfervant de conferver la force de la teinte fur les bords,
lorfque le terrain fera affez grand pour fuivre ce goût, finon on lavera tout uni.

Ligne Magiftrale, *voyez* Revêtement.

(*Pl. IX.*) Magazin à Poudre ; dans les
plans dont l'échelle eft d'un pouce ou d'un
pouce & demi au plus pour cent toifes, on
en marquera les gros murs de la cage, par
une ligne égale à celle du revêtement des
ouvrages, de même que ces contre-forts,
lefquels il ne fera pas abfolument neceffaire de marquer fi l'on ne veut ; enfuite
on exprimera les arrêtes de la voûte par
deux lignes noires ponctuées, fuivant l'article 7 de la Section 2. Chap. 2. & on lavera le dedans d'une teinte claire de carmin. A l'égard du mur qui eft autour du
Magazin, on le marquera par une ligne
égale à celle des gorges des ouvrages ; s'il
n'y a que les paliffades, on les marquera
par des points noires un peu plus gros que
ceux qui expriment les foûterrains & les
arrêtes des voûtes : l'état de l'ouvrage ôte-
ra tout équivoque.

(*Pl. X.*) Mais lorfque l'échelle fera au-
moins d'une ligne pour trois toifes, il fera
mieux de marquer l'épaiffeur du mur de
la cage & de fes contreforts, par deux lignes deliées au carmin, entre lefquelles on
lavera d'une teinte entiere de la même cou-

leur : on en marquera auffi la voûte par
deux diagonnales ponctuées en noir fans
y rien laver ; on obfervera de marquer la
baye de la porte, de mͤ   qu'au mur dont
il eft ifolé, le tout dans le goût que l'on
voit ; s'il n'y a que des paliffades au tour
du magazin, on les exprimera par de très
petits zeros.

(*Pl. V.*) Maifon particuliere ; *voyez* Bâtiment particulier.

(*Pl. IX.*) Marais ; on les exprimera par des
ondes de couleur d'eau, que l'on tracera
au paravant à l'encre de la Chine avec la
plûme ; on lavera enfuite entre les ondes
d'une teinte verte égale à celle des prairies fur laquelle on fera des herbes en maniere de rofeaux, le tout dans le goût que
l'on voit.

Montagnes ; les uns les deffinent à la plume, enfuite lavent par deffus les hachures
avec une demie teinte d'encre de la Chine,
en donnant la teinte plus forte du côté de
l'ombre, mais ce goût à un air fale & ridicule, & je n'ai jamais trouvé que la plume fît bien avec le lavis. Si l'on dit que le
lavis fert pour donner l'ombre plus forte
dans des endroits que dans d'autres, je ré-
ponds que cela fe doit faire par des hachûres plus fortes, fans quoi la plume n'a
rien de beau : il faut donc tout un ou tout
autre. Les autres les font entierement au
pinceau avec l'encre de la Chine, & cette

maniére eſt plus facile à attraper de bon goût, que celui de la plume ; elle eſt auſſi plus commode lorſqu'il s'agit de faire ſur ces hauteurs des terres labourées, des vignes, des bois, & autre païſage, parce qu'ils s'y trouvent moins broüillés que parmi des hachûres à la plume ; mais ils ſera encore de bien meilleur goût de faire les montagnes & les autres hauteurs d'une couleur de terre d'un brun rougeâtre, que l'on brunira un peu du côté de l'ombre : c'eſt le goût que je préfere à tout autre.

Paliſſades ; l'on ne marque point dans les Plans en entiers les paliſſades, non plus que les fraiſes.

(Pl. IX. & X.) Parapet ; on en lavera les parapets d'une teinte entiere d'encre de la Chine dans les Plans en entiers, le plus uniment que l'on pourra.

(Pl. IX. & X.) Parterre ; on deſſinera la broderie à la plume, avec une demie teinte d'encre de la Chine, ou avec une forte teinte de verd ; & l'on en mettra une toute claire dans le fond ; le tout dans le goût de celui du jardin : marqué Planche VI.

Paſſage des guerittes dans le parapet ; on ne peut guéres le marquer qu'aux Plans dont l'échellé eſt d'une ligne pour toiſes.

(Pl. IX. & X.) Ponts de bois ; ils ſe deſſinent à l'encre de la Chine, dans le goût de ceux qui traverſent les foſſez de la Place & de la demie-lune ; mais il ne faut pas que l'encre foit trop noire. Pour diftinguer le tablier du pont-levis, on y fait deux diago. nales deffus; au refte on y lave rien.

(*Pl. IX.*) Ponts de pierre; on les exprimera par deux lignes rouges paralleles, entre lef-quelles on ne lavera rien; l'on marquera les avants & arrieres bas des pilles, autant que cela pourra fe faire.

(*Pl. X.*) Portes d'entrée de la Place; dans les Plans dont l'échelle eft d'un pouce ou d'un pouce & demi au plus pour cent toifes, on en marqu...a le paffage par deux lignes rouges; & s'il y a un Corps de Garde de chaque côté du paffage dans le talut du rempart, comme à Sarrelouis, Longvuis, & autres Places neuves, on les marquera au carmin, & on les lavera d'une demie teinte de la même couleur, comme l'on peut voir par la porte qui eft dans la Courtine entre les Baftions 2. & 4.

(*Pl. X.*) Mais lorfque l'échelle du Plan fera d'une ligne au moins pour trois toifes, il fera mieux d'en reprefenter le Bâtiment qui eft au-deffus de l'entrée, comme il eft aifé de voir par la même porte dans le grand Plan.

(*Pl IX. & X.*) Poternes; on les expriment par deux lignes pohctuées en rouge traver-fant le rempart, pour marquer leur paffage, comme il eft aifé de voir par celles qui font au milieu des Courtines, vis-à-vis les de-mies-lunes 1. & 5.

(*Pl. IX.*) Prairie ; on en marquera la pointe
de l'herbe par de petites vetilles à l'encre de
la Chine, qui ne soit pas plus forte que pour
laver les parapets, ou d'une teinte forte de
verd, dans le goût qu'on voit ; ensuite on
lavera toute l'étenduë de la prairie d'une
teinte de verd assez claire.

Puis on en dessinera le contour, ou revêtement par une ligne circulaire au carmin,
& on emplira son vuide d'une couleur
d'eau.

(*Pl. IX.*) Ravines ; on les dissinera à la
plume ou au pinceau, avec l'encre de la
Chine, dans le goût qu'on les voit.

Redoute à mâchecoulies ; on l'exprimera
par un petit carré au carmin, que l'on emplira d'une demie teinte de la même couleur.

(*Pl. IX.*) Redoutes de terre ; on les dessinera telle qu'elles font à l'encre de la Chine, & on lavera leur parapet, fossez & glacis, comme ceux des autres ouvrages.

(*Pl. IX. & X.*) Rempart ; on lavoit anciennement les remparts des ouvrages d'une demie teinte d'encre de la Chine, & leur terre
plein d'une teinte claire de la même couleur ; mais à present on n'y lave rien, parce
que ce goût étoit trop placard.

(*Pl. IX*) Rempes ; dans les plans dont
l'échelle n'est que d'un pouce ou au plus
d'un pouce & demi pour cent toises, il n'est
point absolument necessaire de les y mar-

quer, parce quelles n'y font pas fenfibles.

(*Pl. X.*) Mais lorfque l'échelle eft au moins d'une ligne pour trois toifes, il fera bon de les mettre avec leurs taluts, comme l'on peut voir par celles qui font dans le rempart à côté de la porte d'entrée, & au rempart des demies-lunes 10 & 5.

(*Pl. IX.*) Revêtement ; lorfqu'ils font de maçonnerie, on les marque par une ligne rouge qui eft plus groffe à l'efcarpe des ouvrages qu'à leur gorges, & qu'aux contrefcarpes ; & quand ils ne font que de gazons, on les marque par une ligne noire.

Notez que les demi revêtemens des ouvrages fe diftinguent dans le deffein, par un petit efpace blanc qu'on laiffe entre le demi revêtement & le parapet de l'ouvrage, comme il eft aifé de voir aux demies-lunes cotées 3 & 5, lefquelles font à demi revêtemens.

(*Pl. IX.*) Rideau ou petite hauteur ; on le deffinera comme les autres hauteurs à la plume ou au pinceau. *Voyez* Hauteur & Montagne.

(*Pl. IX. & X.*) Riviere ; on renfermera fon lit par deux lignes noires, pour en marquer les bords ; dont celle du côté du jour fera plus groffe, & l'autre affez déliée, fuivant la feconde regle du Chapitre 2. Section 2. enfuite on lavera fon lit avec la couleur d'eau, obfervant de conferver la force de la teinte fur les bords, & de l'affoiblir vers

le milieu en adouciffant, pourvû que le lit
de la riviere fe trouve dans le Plan, d'une
largeur à pouvoir faire cette diminution de
teinte ; car il faut au moins une largeur de
deux lignes de pied de Roy, pour le pouvoir faire, finon on lavera tout plein &
tout uni. Si la riviere eft en projet, on lavera un filet de jaune contre fon bord en
dehors, & fon lit de couleur d'eau, comme
à l'ordinaire.

(*Pl. IX.*) Ruiffeau ; on renfermera auffi
fon lit par deux lignes, comme celui des rivieres, s'il eft confiderable ; car s'il eft fort
petit, il ne le faudra exprimer que par une
ligne feulement, contre laquelle on lavera
un petit filet de couleur d'eau du côté de
l'ombre, comme il eft aifé de voir : à l'égard
de ceux qui feront renfermez de deux lignes, on lavera leur lit plein & uni.

(*Pl. IX.*) Sentier ; on l'exprimera par une
feule ligne, avec quelques petits bouts de
hayes par intervales, comme l'on peut voir
par celui qui fepare les terres labourées.

(*Pl. IX. & X.*) Souterrain ; *Voyez l'article*
7. *du Chapitre* 2. *Section* 2. Au refte on en
marquera l'entrée par de petites lignes en
carmin, comme l'on peut voir à celui qui eft
fous le Baftion 4.

(*Pl. IX.*) Talut ; dans les Plans dont l'é-
chelle n'eft que d'un pouce ou d'un pouce
& demi au plus pour cent toifes, l'on ne doit
point marquer aucuns taluts, parce qu'ils
n'y

n'y font pas fenfibles, fi ce n'eft à l'efcarpe
feulement des ouvrages qui ne font revêtus
que de gazons, comme l'on peut voir à la
demie-lune 1.

·(*Pl. X.*) Mais lorfque l'échelle du Plan
fera d'une ligne au moins pour trois toifes,
il fera bon de marquer feulement ceux des
efcarpes des ouvrages, ceux des remparts,
& ceux de leur rempes; & ces taluts feront
marquez par une ligne noire très-déliée.

Notez qu'il ne fera pas neceffaire de marquer le talut de l'efcarpe des tenailles devant la courtine dans le foffé, parce que
ces ouvrages étant encore un peu plus bas
que la contre efcarpe du chemin couvert,
& même que les gorges des demies-lunes
qui font devant; il s'enfuit qu'ils ne font
pas fi fenfibles que ceux des ouvrages faits
fur une échelle d'un pouce & demi pour·
cent toifes, que l'on ne marque pas, comme
nous venons de dire.

(*Pl. IX.*) Terres labourées, & laboura-
bles; comme il y en a fouvent beaucoup à
faire dans l'accompagnement d'un Plan;
on doit rechercher, comme pour le bois, un
goût qui foit leger & expeditif, pourvû
qu'il foit bon, & fuivi de plufieurs; voicy
le goût dans lequel je les fais, s'il plaît,
comme je n'en doute pas, on le fuivera;
mais auparavant il eft bon de dire qu'il y
a trois chofes à obferver dans la maniere
de faire les terres labourées, pour éviter le

mauvais goût dans lequel plusieurs tombent, sçavoir :

La premiere, de ne point sillonner toutes les pieces de terre dans un même sens, mais de prendre garde qu'en évitant ce défaut de retomber dans un autre, en les faisant alternativement dans un sens contraire, ce qui feroit le pannier d'ozier ; 2° d'éviter que celles qui sont voisines & contiguës, soient toujours de même figure & grandeur, si ce n'est trés rarement & par intervalles ; & enfin de ne point arranger les pieces de terre d'une maniere affectée, ni trop comptée, ce qui est une suite du premier article. Je ne ne parle point d'une maniere de faire les terres labourées qui est des plus ridicules, parce que je ne l'ai vû que dans un Plan de Charleroy gravé, toutes les pieces de terres y sont presques quarrées & à peu près de même grandeur, bordées tout autour de petits zeros ; pour marquer aparament des arbres ou buissons ; enfin leur arrangement est des plus ridicules ; il y a aussi une Prairie qui est encore d'un fort mauvais goût ; ainsi le Graveur a fort bien fait de ne pas mettre son nom ; il n'est pas marqué aussi où se vend cette Estampe ; il y a cependant dans un de ses coins la Carte des environs de la Place en petit, qui est en récompense d'un assez bon goût, & c'est ce qu'il y a de mieux dans cette Estampe.

Je fais donc d'abord les fillons ou raïons
des terres laboürées, avec une teinte entiere
d'encre de la Chine, par des traits fermes
& nets, éloignés d'environ une ligne de
pied de roy, obfervant de leur donner fur
les coteaux une courbure qui fuive à peu-
près la convexité du terrain, & de faire le
contraire aux pieds des coteaux, qui eft la
même courbure en fens contraire, & parce
que dans la campagne il y a toujours en
tems d'Eté des terres laboürées qui font en
herbes, c'eft-à-dire en bled verd ; d'autres
dont les bleds font prêts à fecher ; d'autres pieces de terres qu'on laboure pour fe
repofer pendant l'année ; & d'autres enfin
qui font en friches, ce qui fait dans la campagne une diverfité de couleurs, qu'il eft
bon d'imiter autant qu'il eft poffible, pour
fuivre en cela l'Article 2. de la Section 2.
Chap. 2. (car il me femble qu'il eft mieux
de reprefenter le Payfage d'un Plan dans
fa plus belle faifon.) Pour cet effet il faut
donc donner fur chaque piece de terres,
un petit coup de lavis, de la couleur qui
convient, pour imiter en quelque façon
le naturel ; mais il faut que ce coup de
lavis foit legere, c'eft-à-dire qu'il ne s'é-
tende pas fur toute la piece de terre, at-
tendu que cela feroit trop placard, mais feulement fur deux de ces côtez ; en adouciffant vers le milieu de la piece.

C'eft pourquoi, 1°. pour les pieces de ter-

res qui font en bleds verds, je les lave d'u-
ne teinte claire de verd; 20. pour celles dont
les bleds font mûrs, je me fert d'une teinte de gomme gutte, & cette teinte peut
auffi reprefenter les champs de navettes qui
font en fleur; 3°. à l'égard des pieces de terres qu'on laboure pour fe repofer, qui font
ordinairement le tiers de toutes les terres,
je leur donne une demie teinte d'une couleur de terre brun rougeâtre; & enfin pour
les terres qui font en friche, je les lave d'u-
ne teinte claire de verd, comme les prairies : après que toutes ces pieces de terres
font ainfi lavées pour les enjoliver, afin qu'elles ne foient pas toutes nuës, je fais par
cy par là des arbres, des brouffailles, & quelques bouts de hayes plus ou moins felon que
le pays eft plus ou moins couvert; & dans
les terres qui font en friches, je fais auffi
quelques vetilles pour exprimer les buiffons
ou grandes herbes qu'elles produifent, le
tout dans le goût qu'on les voit dans l'accompagnement du petit Plan, Planche IX.

Terre-plein; on lavoit anciennement le
Terre-plein des ouvrages d'une teinte claire d'encre de la Chine, & leurs remparts
d'une demie teinte; mais à prefent on n'y
lave rien, & ils en font mieux, car un
Plan lavé dans ce goût à un air fale.

(Pl. IX. & X.) Traverfes; on les lave avec
la même teinte des parapets, l'oh doit obferver de mettre le plus gros trait du côté

de la banquette, à l'égard de celles que l'on fait dans les ouvrages, comme sur la capitale d'ur. demie lune, ou sur celle d'une Place d'armes, les lignes qui en renferment leur épaisseur, doivent être d'égale grosseur.

(*Pl. IX.*) Vignes ; on les dessinera dans le goût qu'on les voit, en donnant sur chaque sep un coup de pinceau d'une teinte verte.

Voûte ; celles qui sont au réz de chaussée des ouvrages, seront marquées par des lignes ponctuées en rouge, & celles qui seront au dessus du rez de chaussée, le seront par des lignes ponctuées en noire, pour se conformer à l'Art. 7 de la Section 2. Chapitre 2.

AVERTISSEMENT

(Pl. IX. & X.) *Dans les Plans en entier des Places, l'on doit toujours marquer les pieces de Fortification par des chiffres, & les autres, comme les Magazins à poudre, les Arcenaux, les Cazernes, & autres Bâtimens appartenant au Roy, par des lettres Alphabetiques : à l'égard des autres choses qui ne regardent point la Fortification, qui peuvent se trouver aux environs des Places, comme Hameaux, Fermes, Maisons de Campagnes & autres, on en écrira le nom auprès, comme l'on peut voir dans le petit Plan.*

Notez que lorfque toutes les lettres de l'Alphabet feront employées, & qu'il reftera encore quelque chofe à marquer, on recommencera l'Alphabet d'une autre couleur, comme en rouge ou en bleu.

SECTION II.

De quelques ouvrages qui fe font pour le Siege d'une Place, comme tranchée, batteries de Canons & de mortiers, brefches & autres ; dans quel goût & dans quel détail l'on doit exprimer le tout. Planche

L'Echelle des Plans fur lefquels on marque ces ouvrages, ne doit pas être moindre d'un pouce pour cent toifes, ni plus grande que d'une ligne pour trois toifes.

Nous allons donner l'attaque d'un front, dans le goût de feu M. Goulon Ingenieur & General de l'Empereur.

(*Pl. II.*) Les premiers travaux qui fe font pour le Siége d'une Place & que l'on marque fur le Plan, font les tranchées que l'on exprime par deux lignes paralleles à l'encre de la Chine, obfervant de faire celle du côté de la Place plus groffe que l'autre qui doit être deliée ; la groffe ligne marque le côté où l'on a jetté les terres que l'on a tiré de la tranchée, qui eſt toujours celui de l'ennemy.

Ces tranchées ont ordinairement douze pieds de largeur, celles par où doit paſſer l'Artillerie ont juſqu'à vingt pieds ; les boyaux que l'on fait pour communiquer d'une tranchée à l'autre, ne doivent avoir tout au plus que ſix pieds de largeur, ainſi lorſqu'on en marquera ſur le papier, on les proportionera à peu-près à ces largeurs, & on les emplira d'une teinte de gomme gutte.

A l'égard des batteries de canons, on leur fera un parapet de dix-huit pieds d'é-paiſſeur percé d'embraſures, dont on lave-ra ſeulement les merlons d'une teinte en-tiere de gomme gutte, laiſſant les embra-ſures toutes blanches, comme aux autres batteries : ſi l'on veut l'on tirera une ligne deliée, parallele à trois toiſes de diſtance du parapet, pour marquer la platte-forme de la batterie.

Pour les batteries à mortier, elles ſe font comme les precedentes, à l'exception qu'on ne leur fait pas d'embraſures ; mais on fait de petits zeros ſur leur platte-forme, pour les diſtinguer des batteries de canons, & pour en quelque façon marquer les mortiers, comme il eſt aiſé de voir.

Les épaulemens que l'on fait pour met-tre la Cavallerie à couvert, n'eſt autre choſe qu'un parapet de dix-huit à vingt pieds d'épaiſſeur, qu'on lave d'une teinte entiere de jaune, ainſi que les parapets des batteries.

Lorſqu'il y a une forte Garniſon dans la Place, les aſſiegeans font quelque redoutes quarrées, dont l'enceinte n'eſt de même autre choſe qu'un bon parapet de dix-huit pieds d'épaiſſeur, avec ſa banquette de trois pieds de hauteur, & un foſſé au tour, qu'on lave d'une demie teinte de gomme gutte, & le parapet d'une teinte entiere.

Les ſappes ſe marquent & ſe lavent comme les tranchées, ainſi il n'y a nulle différence pour le Deſſein.

Lorſqu'on fait des mines ou fourneaux, on en marque l'entrée par un petit zero que l'on emplit de noir, & les mines & fourneaux ſe marquent par des lignes ponctuées en noir.

Le paſſage du foſſé pour attacher le mineur, s'exprime par une traverſe qu'on lave d'une teinte entiere de gomme gutte.

Les brêches faites par le canon ou la mine, ſe deſſineront à la plume ou au pinceau avec la gomme gutte.

Enfin les retranchemens que les aſſiegeans font dans les ouvrages & dans la Place, s'expriment par un parapet, au devant duquel eſt un foſſé ; le tout ſe lave auſſi en jaune, ſçavoir le parapet d'une teinte entiere, & le foſſé d'une demie.

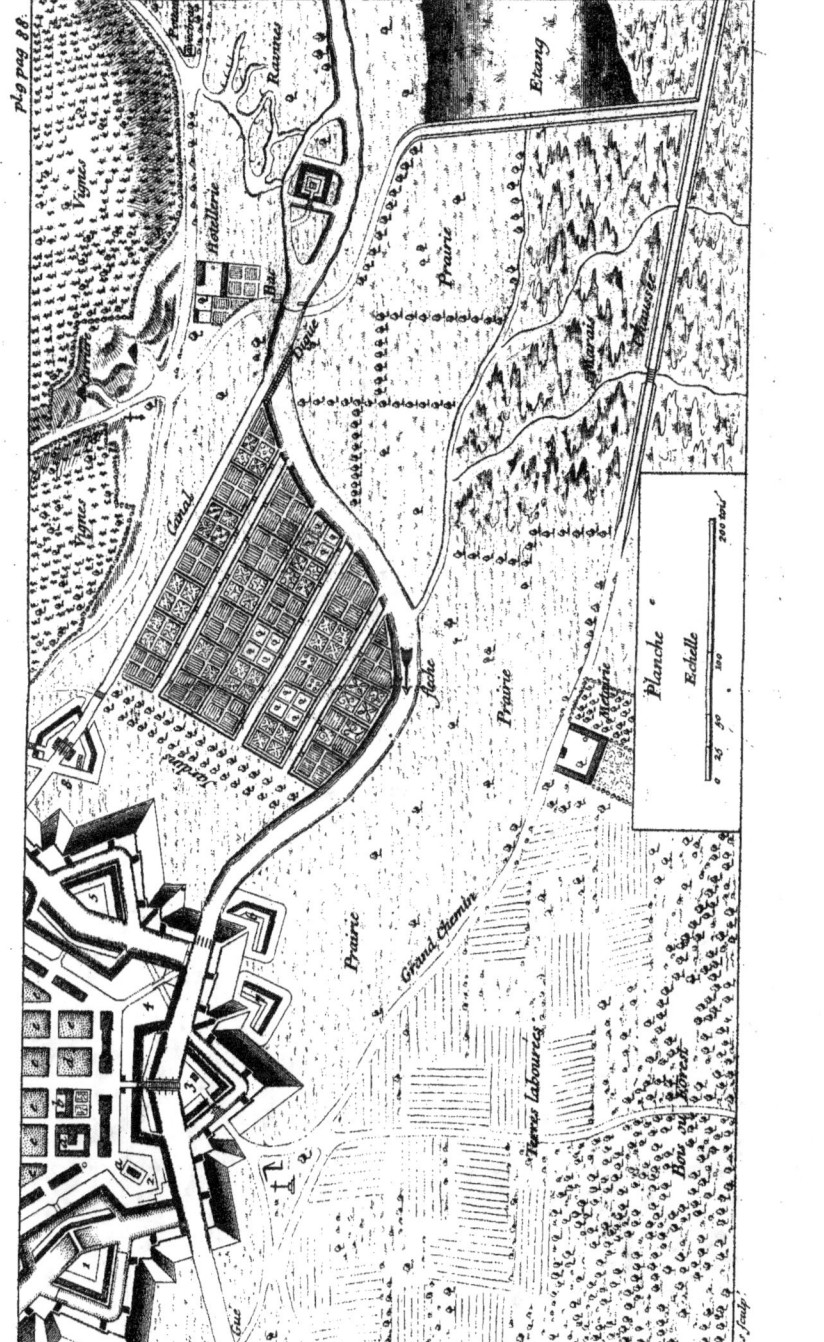

pag pag 88

Vignes

Hostellerie

Bac

Roseaux

Digue

Prairie

Prairie

Etang

Canal

Chaussée

Marais

Prairie

Jache

Prairie

Mairie

Planche

Echelle

0 25 50 100 200 toi.

Prairie

Grand Chemin

Terres labourées

Bois ou forest

Lucas Sculp.

Pl. 12.page 88.

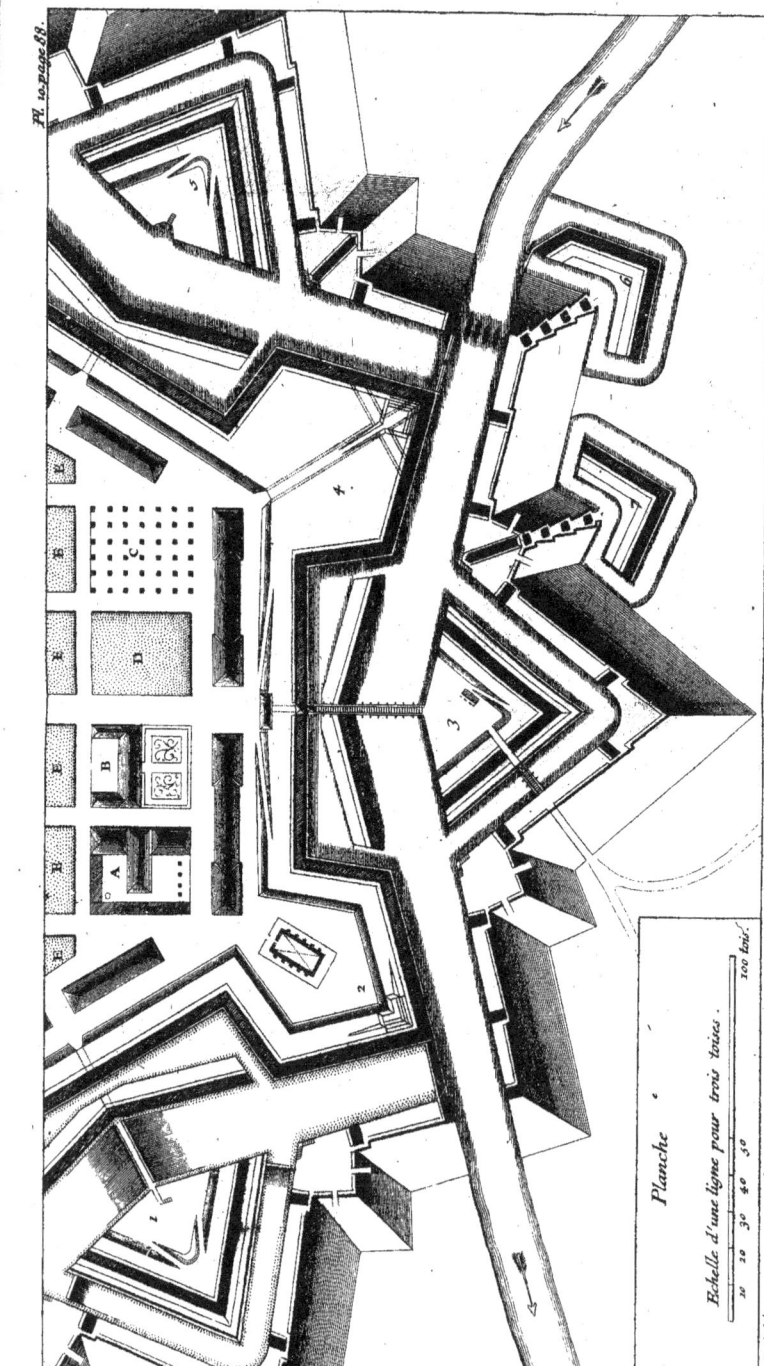

Planche

Echelle d'une ligne pour trois toises.

10 20 30 40 50   100 tois.

Lucas Sculp.

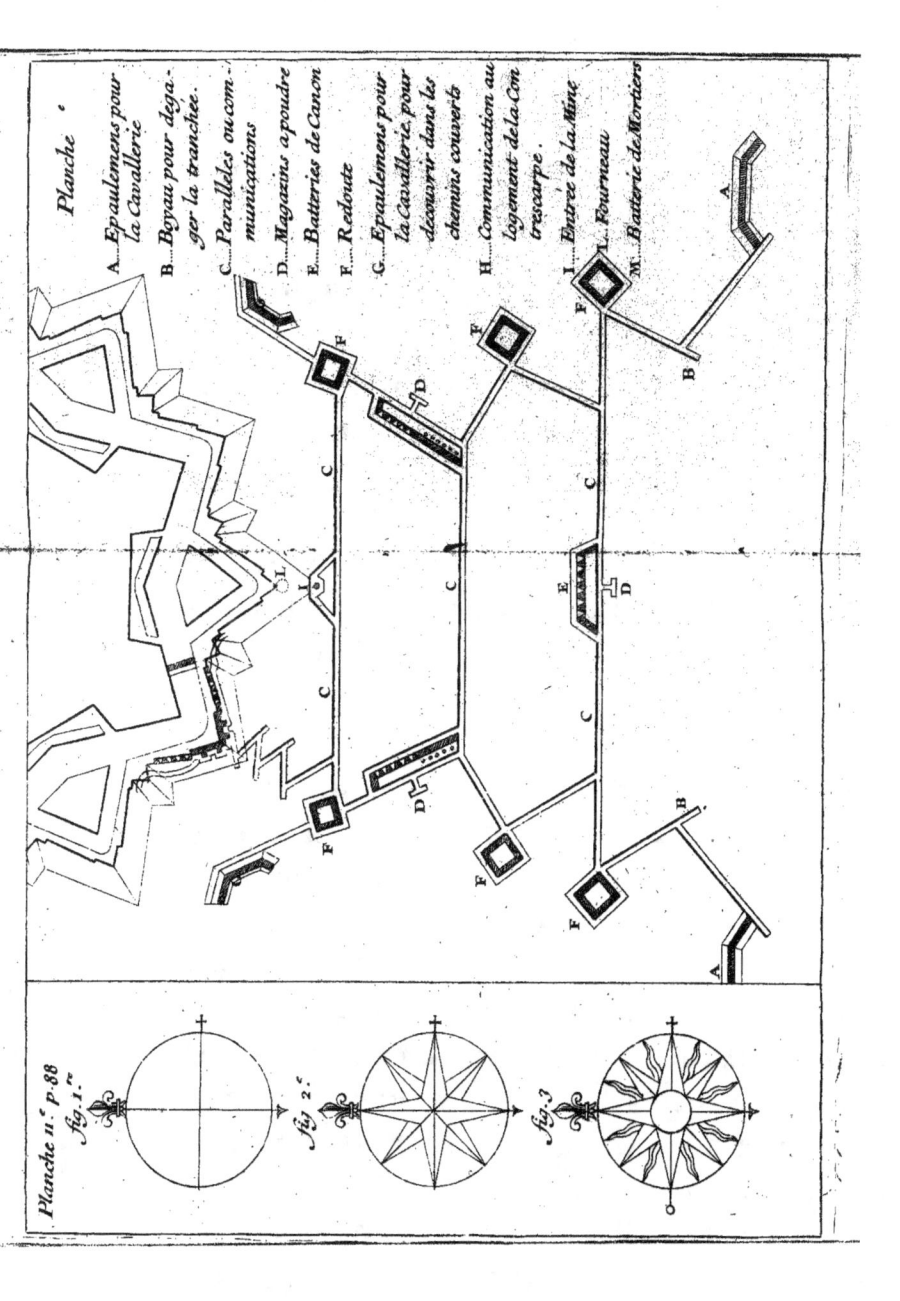

Planche n.º p.88

fig.1.ª

fig.2.ª

fig.3.ª

Planche

A.. Epaulemens pour la Cavallerie
B.. Boyau pour dega-ger la tranchée.
C.. Paralleles ou com-munications
D.. Magazins a poudre
E.. Batteries de Canon
F... Redoute
G.. Epaulemens pour la Cavallerie pour decouvrir dans les chemins couverts
H.. Communication au logement de la Con-trescarpe.
I.. Entrée de la Mine
L.. Fourneau
M.. Batterie de Mortiers

SECTION III.

De la maniere de deſſiner en Plan les Armées campées & en bataille, avec ce qui en dépend. Planche II.

L'On fera ces ſortes de Deſſeins ſur l'échelle d'un pouce pour quatre cent toiſes, afin d'éviter qu'ils ne deviennent d'une groſſeur ambaraſſante & extraordinaire, à cauſe de l'étenduë du Pays qu'une Armée occupe ; ainſi l'on repreſentera chaque ligne d'un Camp ou d'une Armée rangée en ordre de bataille, par un réctangle qui ſera ſuivant l'échelle, de la même longueur que la ligne qu'il repreſentera ſur le terrain, & de la largeur d'environ une ligne de pied droit ; enfin la diſtance d'un rectangle à un autre, ſera auſſi ſuivant l'échelle, telle que celle d'une ligne à l'autre ſur les lieux, & l'on emplira ces rectangles de la couleur qui conviendra, c'eſt-à-dire, que ſi c'eſt l'Armée du Roy de France, les rectangles ſeront bleus, & ainſi des autres Princes, ſuivant les couleurs que nous donnerons dans les Sections cy-après.

Si l'Armée eſt campée ou rangée en ordre de bataille, qui eſt ordinairement en deux lignes autant qu'il eſt poſſible, pour preſenter à l'ennemy un plus grand front, fans comprendre le corps de referve qui eft fur les côtés ou à la queuë, fuivant que le terrain le permet ; l'on obfervera de divifer par de petites Intervalles, chaque rectangle en trois, pour diftinguer les trois membre dont chaque ligne eft compofée, que l'on nomme l'aîle droite, l'aîle gauche & le centre : au furplus on pourra mettre par écrit au bas du Plan dans un cadre particulier, le détail des Regimens en la forme qui fuit, & pour cet effet nous prendrons pour modele celui de Compiegne.

ORDRE DE BATAILLE,

ou Camp rangé en ordre de Bataille, de l'Armée du Roy, commandé par Monfeigneur le Duc de Bourgogne, le premier Septembre 1698.

PREMIERE LIGNE,

A Ifle droite commandée par M. de Rofen, Lieutenant General.

Les Maréchaux de Camp de cette aîle, Meffieurs de Marfin & de Vendeüil.

REGIMENS.		BRIGADIERS.
DRAGONS.		
Le Colonel General,	3. Efcad. ⎱	M. de
Royal,	3. Efcad. ⎰	Nogent.

CAVALERIE.

Grenadiers à cheval,   1. Efcad. ⎫

Noailles,   3. Ef.

Duras,   3. Ef.

Lorges,   3. Ef.

Villeroy,   3. Ef. ⎰ M. de

Gendarmes du Roy,   2. Ef. ⎱ Leftrade.

Chevaux-Legers du Roy,   2. Ef.

Premiere Compagnie des
   Moufquetaires,   2.

Seconde Compagnie des
   Moufquetaires,   2. ⎭

CHEVAUX-LEGERS.

Dauphin,   1. Ef. ⎫

Gendarmes Dauphin,   1. Ef.

Chevaux-Legers de la
   Reine,   1. Ef.

Gendarmes de la Reine,   1. Ef. ⎱ M. de

Gendarmes Flamans,   1. Ef. ⎰ Flaman-

Bourguignons,   1. Ef.   ville.

Anglois,   1. Ef.

Ecoffois,   1. Ef. ⎭

Total, 35. *Efcadrons*.

Centre commandé par M. de Crenan, Lieutenant General.

Les Maréchaux de Camp, font Meffieurs de Surville, Davijean & de Villeroy.

R E G I M E N S.   BRIGA-
                                         DIERS.

INFANTERIE.

Picardie,	3. Bat. } M. le Prince
Coësquin,	1. Bat. } d'Epinoy.
Du Roy,	4. Bat.	M. de Puisegur.
Gardes-Françoises,	6. Bat. } M. de Saillan.
Gardes-Suisses,	4. Bat. }
Dauphin,	3. Bat. } M. de Princé.
Languedoc,	1. Bat. }
Royal Italien,	1. Bat. } M. de Marçay.
Navarre,	3. Bat. }

Total, 26. Bataillons.

Aîle gauche commandée par M. de Busca,
Lieutenant General.
    Les Maréchaux de Camp de cette aîle,
font Messieurs de Lœmaria & Dalegre.

R E G I M E N S.   BRIGA-
                                         DIERS.

CAVALERIE.

Cuirassiers du Roy,	3. Es. }
Royal Allemans,	3. Es. } M. le Prince
Orleans,	2. Es. } Camille.
Camille,	2. Es. }
Carabiniers,	10. Es. } M. le Chevalier du Rosel.

Souvré,	2. Efc.	
Bourbon, .	2. Efc.	
Royal Rouffillon,	3. Efc.	M. de Praflin.
Meftre de Camp		
General,	3. Efc.	

DRAGONS.

Peyfac,	3. Efc.	M. de Guivau-
Meftre de Camp		dau.
General,	3. Ecf.	

Total, 36. *Efcadrons*.

SECONDE LIGNE.

Aîle droite commandée par M. de Crequy, Lieutenant General.

Les Maréchaux de Camp de cette aîle, font Mrs de Bezons & de Courtebonne.

REGIMENS.

CAVALERIE.		BRIGADIERS.
Du Roy,	3. Efc.	M. de Tiffenhauf-
Royal Piemont,	3. Efc.	fen, Lieutenant
Furftemberg,	2. Efc.	General.
Tallemont,	2. Efc.	
Bourgogne,	2. Efc.	
Condé,	2. Efc.	
Grignan,	2. Efc.	M. de Puignion,
Raquepinne,	2. Efc.	
D'Auvergne,	2. Efc.	

Rohan,   2. Ef. ⎫
Chartre,   2. Ef. ⎬ M. le Prince de
Dauphin Etranger, 3. Ef. ⎬ Rohan.
Cravattes du Roy, 3. Ef. ⎭

Total, 30. *Efcadrons.*

Centre commandé par M. d'Artagnan, Lieutenant General.

Les Maréchaux de Camp, font Meſſieurs d'Albergoty & d'Antin.

R E G I M E N S.

INFANTERIE.   BRIGADIERS.

Bourbonnois,   2. Bat. ⎫ M. de Rochefort.
La Couronne,   1. Bat. ⎭

Lyonnois,   2. Bat. ⎫ M. de la Chartre.
La Chartre,   1. Bat. ⎭

Cruſſol,   1. Bat. ⎫
Roüargue,   1. Bat. ⎬ M. de Cadrieux.
Touloufe,   1. Bat. ⎭

Anjou,   1. Bat. ⎫
Vermandois,   1. Bat. ⎬ M. Lée.
Lée,   1. Bat. ⎭

Du Maine,   1. Bat. ⎫ M. de Thuy.
Rouſſillon,   2. Bat. ⎭

Humiers,   1. Bat. ⎫ M. de Humiers.
Stopa,   2. Bat. ⎭

La Reine,   3. Bat. ⎰ M. de Chamarante

Greder Allemands, 2. Bat.⎫ M. de Mor-
Poitou,   1. Bat.⎭ nay.

Total, 24. *Bataillons.*

Aîle gauche commandée par M. de Gation, Lieutenant General.

Les Maréchaux de Camp, font Meſſieurs le Comte de Rouſſy & de la Motte.

REGIMENS.

CAVALERIE.   BRIGADIERS.

Anjou,	2. Eſc.	⎫
Villequier,	2. Eſc.	⎪
Coſſé,	2. Eſc.	⎬ M. de Villequier.
Tournefort,	2. Eſc.	⎪
Roſen,	2. Eſc.	⎭
Berry,	2. Eſc.	⎫
Clermont,	2. Eſc.	⎪
Duras,	2. Eſc.	⎬ M. de Clermont.
Daurches,	2. Eſc.	⎪
Saint Poüanges,	2. Eſc.	⎭
Maurois,	2. Eſc.	⎫
Vivans,	2. Eſc.	⎬ M. de Vivans.
La Reine,	3. Eſc.	⎪
Royal Etranger,	3. Eſc.	⎭

Total, 30. *Eſcadrons.*

Corps de reserve, commandé par M. de
Pracontal, Maréchal de Camp.

REGIMENS.

DRAGONS.   BRIGADIERS.

La Reine,	3. Efc.	} M. de Saint-Hermine.
Hautfort,	3. Efc.	
Du Maine,	2. Efc.	
La Valliere,	2. Efc.	} M. de Chetadet.
Noailles,	2. Efc.	
La Feromaye,	2. Efc.	
Villeroy,	2. Efc.	
Touloufe,	2. Efc.	} M. de
Dauphin,	3. Efe.	

Total, 21. Efcadrons.

RECAPITULATION.

			Efcad.	Batail.
Premiere Ligne.	Aîle droite,	35. Efc.	} 71.	
	Aîle gauche,	36. Efc.		
	Centre,			26.
Seconde Ligne.	Aîle droite,	30. Efc.	} 60.	
	Aîle gauche,	30. Efc.		
	Centre,			24.
Corps de referve,			21.	

Totaux, 152.   50.

(Pl. XII.) Mais fi l'on vouloit que ce détail

tail fut marqué dans le Plan , il faudroit
pour lors que l'échelle fut d'un pouce pour
deux cens toises au plus.

Premierement , l'on exprimera chaque Bataillon & chaque Escadron par une petite
figure quarrée , dont le côté soit à peu-prés
de cinquante toises ; l'on distinguera l'Infanterie par un Drapeau ; la Cavalerie par
un Etendart ; & les Dragons par un autre
espece d'Etendart , tels qu'ils sont represen-
tés , observant de les faire toucher les uns
& les autres au petit quarré lorsque l'Armée est en bataille , & de les en éloigner à
une fort petite distance , puisqu'ils ne le sont
sur le terrain qu'à trois toises quand elle est
campée ; chaque Bataillon doit avoir trois
Drapeaux , & chaque Escadron deux Eten-
darts ; & l'on emplira chaque quarré d'u-
ne teinte entiere de la couleur qui conviendra , comme nous l'avons dit ci-devant.

L'on exprimera aussi les Gardes qui sont
aux environs du Camp , par un trés petit
quarré que l'on emplira aussi de la même
couleur ; l'on y mettra aussi un Drapeau ,
si c'est de l'Infanterie , ou un Etendart , si
c'est de la Cavalerie.

Comme la plus grande partie des Regimens sont composez de plus d'un Bataillon ,
si c'est de l'Infanterie, ou de plus d'un Escadron , si c'est de la Cavalerie , l'on observera très-exactement d'enfermer , ou d'em-
brasser ceux dont ils sont composés , par

G

une ligne ponctuée en crochet, en la maniere ordinaire, fur le milieu de laquelle on
écrira le nom du Regiment, & l'on feparera
chaque Brigade par une pareille ligne ponctuée qui embraffera les Regimens qui com-
pofent la Brigade, comme il eft aifé de voir
par le Deffein, & l'on écrira à la tête de
chaque Brigade le nom du Brigadier.

Si le Camp eft retranché, l'on marquera le retranchement par un trait d'une
moyenne groffeur, auquel l'on fera à une
fort petite diftance, une ligne deliée parallele, pour marquer le foffé dudit retranchement ; au refte l'on n'y lave rien.

Les lignes de circonvallation & de con-
trevallation fe font de même.

Les Canons s'exprimeront comme ils font
reprefentés dans la même Planche.

Enfin l'on écrira dans un coin de la Carte
ou du Plan, *Camp* ou *Bataille* d'un tel endroit, au bas de laquelle infcription l'on
n'oubliera point de mettre l'échelle du Plan.

Notez qu'on arrange icy les Regimens
tout de fuite, comme ils le font fur chaque
ligne, & non fuivant le degré d'honneur.

www.ingramcontent.com/pod-product-compliance
Lightning Source LLC
Chambersburg PA
CBHW071559220526
45469CB00003B/1066